●
編著
村瀬嘉代子
Murase Kayoko

統合的心理援助への道

真の統合のための六つの対話

Ψ
金剛出版

統合的心理援助への道——真の統合のための六つの対話　目次

第一章　子どもの心に出会うこと

統合的アプローチの視点から（1）

村瀬嘉代子（北翔大学）
田中康雄（北海道大学）

はじめに

田中　私は一九八三年の秋に精神科医になりました。大学からもう少し長くいてほしいということで（嘘ですが……）、同級生より半年長く学生を続けて、その間に卒業試験を二度も受け、今はない「秋の国家試験」に合格して医師になりました。結局、その年の秋に合格通知をいただき、同じ年の冬に旭川医科大学の精神科に入局しました。

生まれてはじめて足を踏み入れた北海道、それも冬の寒い旭川の空港に降り立ったときは、「ずいぶんと遠くに来たのだな」という思いでした。

勉強をちゃんとしなかったので、入局後に精神医学の教科書を一週間かけてはじめて通読し、「ああ、これが精神医学か」という思いをもったものです。

よく患者さんや周囲の方から「どうして精神科を選んだのですか？」と尋ねられることがあります。そのときの気分で回答は異なるのですが、「この科しかできないだろう」というよりも「ほかの科は務まらないだろう」というのが最大の理由でした。内科や外科は、実習中に「これは大変な所だ」と思い、早々に退散し、いろいろと消去法で検討したところ、残ったのが小児科と精神科だったという、本当に申し訳ない理由でした。しかも仕事についてから精神医学を学び直したという「困った医師」だったわけです。

当時の精神医療は、今よりも「こころ」への接近、人間としていかに向き合うかということが強調されていたように思われます（独断的偏見です）。あるいはそうした方面の本からの影響を私が特に強く受けたからかもしれません。当時読んだ『精神病者の魂への道』（シュヴィング、一九六八）に登場する、症例アリスに対するシュヴィングという看護師のエピソードは、二十年以上経過しても私の底辺にいつもあります。

そこには、シュヴィングが担当医に命じられた、統合失調症のために入院した三十歳のアリスさんへの対応が短く述べられていました。保護室で硬く緊張し、外界との接点を完全に拒否したかのように見えたアリスさんに、シュヴィングは、毎日同じ時刻に三十分ほどベットのかたわらに静かに座り続けました。あるときアリスさんは「あなたは私のお姉さんなの？」とシュヴィングに尋ねます。「いいえ」とシュヴィングが答えると、「毎日あなたは私に逢いに来てくれたじゃないの、今日だって、昨日だって、一昨日だって！」と話したのです。

私は、ここにある、人と人との静かな出会いに感動しました。私が研修した病院でも、アリスさんのような方や、私の年齢よりも長く入院を続けている方がおりました。そこで私はなにができるのだろうと自問自答しました。その当時、看護チームと精神科看護の本を読み合わせていました。中井久夫先生が書かれた本（中井・山口、二〇〇一）のなかに、「医者が治せる患者は少ない」が「看護できない患者はいない」というようなことが書かれており、「本当にそうだな」と思い、シュヴィングのように、かたわらに寄り添うことをまずは目指したいと思ったりしました。今思えば、これが私の臨床の土台になっているように思います。

現実的な問題としては、旭川にいた一九八〇年代から、少しずつ「不登校」の子どもたちが医療機関に相談に来られるようになり、われわれがどう向き合うべきかが検討され始めました。私も先輩医師と一緒に、不登校や子どもの精神医療といった方面の本を読み始め、細々と診察室の片隅で「子どもの精神科外来」のような特別外来を始めました。箱庭療法の研修会にも参加し、そこで学んだことをもとに、自分の関わった患者さんが作成した箱庭を使って医局で報告会をしたこともあります。「箱庭のなかに子どもがミニチュアの車や家や人形を置いたりすることで、こころが癒されていくのです。また置いた位置によっていろいろと解釈ができるのです。手前のほうには現実が、遠くは空想的なことが、作り手から見て左側が過去、右側が未来を意味すると考えられるようです」などと、素人が学んだばかりの理論を杓子定規に述べたりしたものですから、仲間の先生方は、なんとなく唖然としていたように思います。「君は医師を辞めたほうがよいのではないか」などと、冗談か本気かわからない助言をいただいたりもしたものです。

しかし、当時は「不登校」に悩み始めた子どもたちが相談に見えていましたから、私は旭川医科大学と、非常勤で仕事をしていた近くの総合病院小児科で、子どもの精神医療を仕事の真ん中に置こうとしていました。今の私は発達障害から生きにくさを抱えた方に向き合うことを主にしていますが、今日は、その昔、主に関わっていた不登校や子どものメンタルヘルスに関する話をしたいと思います。

なお実際の対談で紹介した事例は、すべて今から十年以上も前の話ですが、かなり詳細に話をしております。しかし、今回原稿にする時点で個人が特定できないように変更したことをご了解ください。

事　例

1　一人芝居を続けた少女との出会い

最初にご紹介する事例は、学会で発表したのち、学会誌に投稿したものです。私の最初の論文で、私は掲載された直後に、当時一方的にあこがれていた村瀬嘉代子先生に、勝手に別刷を送りました。私にとっては、ファンレターのようなものでした。その昔、私は長嶋茂雄選手が引退した年に年賀状を送ったことがあるのですが、まぁそんな気持ちからでした。長嶋選手からは、印刷した文字の年賀状が送られてきましたが、村瀬先生からは、直筆のご感想を送っていただき、非常に感激しました。私はこの論文の柱として、少女との関係性をつけるための手段として用いた「フィナーレ創作法」についての治療的意味を検討したのですが、村瀬先生からは、そうした技法が前面に出ることではなく、この技法を使う人が少女と出会い、生じた臨床が重要である、というようなことを説かれました。つまり技法に走ることなく、目の前の少女に私がどう向き合い、どのような関わりをしようとしたのか、ということを問うべきだったのかもしれません。現在も私は村瀬先生から多くの事柄を教え説かれています。まだまだ学びの途上ですね。

さて、事例に戻りますが、この少女は、当時中学生でした。初診の訴えは、足腰が痛いため登校できないということでした。次第に、少女の訴えは、足腰が痛いということ以上に、なにかしらわからないが登校できない、ということになり、徐々にこの子の状況が語られてきました。今思えば当然ですが、足腰が痛いというのは受診のための入場券に過ぎず、徐々に語られてきた内容が一緒に考えていくことだったのです。

その少女の家庭には、いくぶん複雑なところがありました。実の父親は自宅で暴力を振るうということで、結局離婚し離れていきました。その後、母親は彼女と兄や姉を養うため二年ほど本州に住み込みの仕事に出かけました。少女は、小学生のころに恐ろしい父親がいなくなり、その後両親が不在になった家で、兄と姉に支えられていたわけです。この子が小学校を卒業するころに、母親は、あたらしい父親と、この新しい父親との間に生まれた弟と一緒に戻ってきました。

この子の足腰の痛みと登校しぶりは、その直後から生じました。母親はこれまであまり手を掛けてあげられなかったこともあって、一生懸命に外来通院に付き添いました。時々心配した母親が、外来に電話を掛けてくることもありました。

あるとき母親が「実は、この子には変な癖があるのです」と電話で話し始めました。「二階があの子の部屋なのですが、そこで一人で何役もこなした一人芝居をしているのです」と母親は語りました。「一人芝居ですか？」と私が尋ねると、「ええ、一人で何役もやるのです。お姫様になったり、王子様になったり、忙しくばたばたと動くので、下にいても『あっ、始まった』ってわかるのです。でも見られるのはとてもいやがります。一度弟がのぞいたときがありましたが、そのときは私もおどろくほど大声で怒っていました。私が二階に上がり始めると、ぴたっと止めるので、実際はいつもなにをしているのかわかりません」と話し、「これって、異常でしょうか？」と尋ねました。私は「異常というよりも彼女にとって必要ななにか、ではないでしょうか。この話は私はこれまで本人から聞いたことがないので、聞かなかったことにします」と伝えました。

一方、肝心の面接は、なかなか話が進まない、弾まないのです。彼女は淡々と来て、淡々と日常を語り、すぐに対話が止まってしまう。こちらが、例えばテレビや漫画の話題を振っても「知らない、読んだことない、見ていない」といった反応で、そこで終わります。表情からは特に拒否的ということは感じられず、一生懸命答えてくれるのですが、私が共通のなにかを提案できない、という感じで通院が続いていきました。雰囲気としては、ただ黙って縁側に二人で座り、渋いお茶を飲みながら、「そろそろ夏だね」と私が言うと「そうですね」と彼女が続け、またしばらくお茶を飲む、といったような淡々とした平穏な、しかし老いた時間という感じです。そうなると、なにか一緒にできるようなことはないだろうかと、私は当時非常に焦り、箱庭を勧めたり、絵やジグソーパズルや、ゲームなどへ誘うのですが、いまひとつなにかが違うという感じなのです。何度も言いますが、拒否ではないのです。あえて言えば協力してくれている、私のためにつきあってくれているという感じです。

あるとき、論文でフィナーレ創作法という技法を知り、なんとなくこれを使ってみようと思いました。これは当時、統合失調症のある方の言葉を活発にする、というような趣旨で論文になっていましたが、私は、「途中でおしまいになってしまう物語を読み、その物語の結末を作ってもらう」という方法に惹かれました。今思えば、当時の私は、毎回の面接がいつも中途で終わってしまうように感じて、その結末に思い悩んでいたのかもしれません。とりあえず彼女にその提案をしたところ、これまでの提案同様に拒否せずに、協力してくれました。

最初の日、前日に書いた原稿用紙三枚程度の中途で終わる物語を私が読み、「で、このお話の結末を書いてほしいのだけれど」と私が言うと、彼女は驚くほどの早さで原稿用紙三枚程度に物語を書きました。彼女に読んでもらうと、とてもすてきな物語になっており、私は驚きました。縁側に座っていた子が、親友の誘いに飛び出していったような活発さを感じました。表情もよく、言葉にも覇気が生まれ、なによりもすてきな結末を毎回書き続ける。私は、この時間が一気に好きになりました。

それでも学校のほうは登校せずに過ぎていきました。それどころか、彼女は持病の喘息が悪化し、ほぼ毎晩、夜間救急外来に来るようになりました。小児科の担当医にお願いし、できる範囲で夜間の喘息対応を私が担当するようにしました。なんとなく、放っていたらいけないという感じだったのです。あるいは、私の対応が悪くて身体症状が悪化したのかもしれないと思い、その責任を取らねばという思いがあったのかもしれません。ちょうど少し前の二年間、研修先の総合病院で夜間救急を順番で対応したことがあり、そこで喘息発作の対応を学んでいたことが、すこし自信になっていたのかもしれません。

喘息対応と通常の外来診察でフィナーレ創作法を継続していたとき、突然彼女は、これまでの生活史を忘れてしまいました。母親から朝早くに「娘が朝起きたら、父親と弟に向かってあんた誰だって尋ねました。最初は冗談かと思っていたら、私が本州から戻ってくる前までの記憶しかないようなんです」と電話がありました。急いで受診してもらいましたが、当然彼女は、私のこともこれまでの通院のことも覚えていません。「また来てくださいね」というお願いには、拒否せず「はい」と言ってくれました。私は今後の予測ができないため、毎日通っていただきました。彼女は次第に赤ちゃんのようになり、自分で歩くことを止め、車いすで通院し、病院の売店で母親にわがままに振る舞うようになりました。

記憶を失ってから二週間ほどたった朝、彼女から「思い出したよ」という電話がありました。私はびっくりしたのと安心したのとがまぜこぜになりながら、よかったねと伝えました。その後、来院した母親からことの顛末を教えていただきました。姉と二日間、夜通しチラシに文字を書いてやりとりしたと言います。チラシを見せてもらったのですが、殴り書きで、今までさびしかったこと、弟の誕生に驚いたこと、実の父親への不安や恐ろしい気持ち、母親の体調を気遣うこころ、新しい父親への複雑な思いなどが、順不同で本当にめちゃくちゃに書かれていました。そのチラシについては、あとで彼女に聞くと、なにか姉と一緒に書いていたことは覚えているが、内容はまったく覚えていない、といいます。で、このあと、彼女の記憶は完全に戻りました。

これで一件落着かと思い、それにしても、担当医としてなにもできなかったなと思っていたら、数日してまた母親から電話がきました。彼女が今、中学校に殴り込みに行った、というような内容で、驚いた私も急ぎ、学校に向かいました。

校長室のソファーに彼女は座って正面の校長に「私に意地悪をしたAくんをここに呼び出し、私に謝罪してほしい」というようなことを話していました。彼女が小学校のころから、いじめにあっていたことを、私はそこではじめて聞きました。中学進学後にAくんが彼女をからかい彼女のペンケースを踏みつけた、というのが問題だったようです。そのペンケースは、彼女のお気に入りの一つだったようです。隣に座っている母親は「今さらそんなことを言っても」となだめますが、彼女の怒りは収まりません。私はというと、これまで見たことのない強い一面を見て、励ましたい気持ちとなだめたい気持ちでおろおろしていました。すると、正面に座って彼女の話を聞いていた校長が、「私はあなたと今日、はじめて会いました。私は校長ですが、あなたが学校に来なくなってからここに来ました。ですから、あなたのことは聞いてはいましたが、今日はじめて会うことができました。校長としては、元気に話されるあなたを見て、うれしい気持ちもあります」と話し始めました。「で、Aくんのことですが、彼はあなたと同じく今、三年生になっています。あなたの気持ちもわかりますが、私はAくんをここに呼び謝罪させることが、Aくんにとって正しい対応ではないように思います。学校としてこのことに気づけなかったことが一番の問題だったと思いますから、私があなたに謝ります」と校長は、少女に頭を下げました。私は、その態度に驚き、感心しました。彼女も校長の思いを感じたのか、「わかりました。でも、私は不登校を続けます」と言い、校長室を出ていきました。母親と私は、会釈し、簡単な挨拶をして、彼女の後を追いました。

彼女は、その後、中学卒業まで外来通院しました。例の校長は、その後、彼女に手紙を送り、卒業証書を自宅にまで手渡しに行きました。外来を終了するとき、「これから家族と食事会でラーメンを食べに行く。不登校でも、卒業祝いをしてくれるの」と言っていました。

学会でこの事例を発表したとき、多くの先輩から「母親との整理が終わっていない、治療としても中途半端ではないか」というような助言をいただき、さらに「この母との対決が今後の課題」とも教示していただきました。私は今も未熟ですが、当時はもっと未熟だったので、なんとも対応できませんでした。今当時の思いをまとめると「ともかく、いろいろあったけれど、なにが問題で、これから自分でどうしたらよいか、という事柄に彼女自身気づき始めている。あとは彼女が解決しようとする優先順位次第で、これから苦労しながらも生きていくのではないだろうか。もし今後、なにかあれば、彼女から連絡が来るだろう」ということです。同時に「生きることは大変さだけではなく、ささやかな楽しみもある」ということも、すこしは彼女のこころに芽生えてきたように思います。

実際その後、暑中見舞いと年賀状のやりとりが今も続いています。彼女は、本当にその後紆余曲折し、適宜必要な相談をごくさりげなくハガキで私に伝え、しかし、ちゃんと自分のなかで処理して、今も生きています。それが、一番私にとってうれしいことです。

2　どこにも寄りかかれない少女との出会い

この少女も中学生です。複雑な環境で育ち、中学一年生の終わりごろの冬に受診されました。両親が離婚し、その後事情があり、祖父母に育てられていました。小学生のころから頭痛、腹痛といった身体症状を示し、小児科医、脳外科医などの診察を経て、精神科を受診してきました。ところが、症状が不安定なため、母親が引き取る形で転居、転校し、転院してきたのです。

母親と受診したときは、不満そうな表情で「汚い病院ね」とだけ語り、あとはこれまでの経過についても「手紙に書いてあるとおりよ」というような感じでした。同伴した母親も「私も仕事があるので、いつも付いてくることが難しいので」と語りました。

通院については、彼女も希望したというか「来るわ」という感じで決まりました。

前医の手紙には、この子と治療関係を作ることの難しさと、親へ甘えたい気持ちの処理に苦慮したことが長く記述されていました。

私はその後の診察で、しばらくは前医に同情するようになります。彼女は、本当につまらなそうな表情で来院し、診察室でもなんとも言えないような向き合いかたをしていました。

あるときは「転校してきた生徒へのいじめを知らないでしょう」と言ったり、「不登校の子どもの気持ちを教えましょうか」と言い、「教えてくれる？」と答えると「教えない」と返答しました。またあるときは「医者と患者の相性ってありますよね」と言い、どう返事してよいか戸惑っていると、「先生の血液型は何型ですか」と尋ね、それに返答すると、しばし考えて「私の血液型との相性は悪いですね」と言います。

二年生の四月になってもこの子の不登校は続いていました。私は、毎回この子とどう向き合ったらよいか、本当に悩みました。箱庭を見せてやってみないかと誘うと、前の病院でやりましたから、もういいです、と断られました。それでもジグソーパズルに誘ったときは、ある画家の絵なら、ということで、注文して取り寄せました。そのジグソーパズルを間に挟んで二人でパズルをしていると、誰に言うともなく、「文庫の小説をよく読むんで。で、せっかくだから目録を作っているのです」とぽつぽつと語り始めました。

夏になって、祖父母のところに戻り、また秋から通院が再開しました。少しずつ笑顔が増え、「あまり私を笑わせないでくださいね。止まらなくなるので」というようなこともあり、十一月ごろになると、気に入った本を貸してくれるようになりました。十二月になって、「二人で通院したい。できれば、この病院にある学校に通いたい」と話されたので、通院するための問題を確認したところ、自宅からバスでの通院の手順がわからないということでした。私は、じゃあ今度一緒に自宅から病院までバスに乗って往復してみようと提案しました。私の午前の外来が終わり、彼女に連絡を取り、これから自宅に行くので、一緒にバスで往復してみようと誘いました。冗談だろうと思っていた彼女は驚き、しかし、私の提案に同意しました。

私は自宅まで病院車で向かい、そこから二人でバス停に行き、病院行きのバスに乗りました。時刻表を調べ、まず病院まで行きました。それからすぐに帰りのバスに乗り換えます。彼女の家に近づくまでには、もう一回バスに乗らねばならず、そのバスを待っている間、彼女はジグソーパズルをしていたときのように、突然「先生って、苦労知らない人よね」と言いました。私も私なりに苦労はしているつもりですが、特に反論せずに彼女の次の言葉を待っていました。すると、ぽつぽつと離婚された両親の状況を語り始めました。それぞれに複雑な状況があり、この子が解決できるような内容ではないのですが、間にいる子どもとして、どう振る舞い、どう考えたらよいのか、本当に「苦労」していることがわかりました。言葉を失いながら、ようやく到着したバスに乗り、彼女を自宅に送り届け、「じゃ、ぼくは病院に戻るから、来週からバスでおいでね」と言うと、「今日はクリスマスなのに、私は家に一人。どこかに行ってしまいたい」と言います。そして、「前の先生は、よく車に乗せて病院に送り迎えしてくれたの。先生はどうしてしてくれないの」と言います。私は「そうだね、ごめんね。今度バスで来るのを待っているから」とだけ伝えました。病院に戻る車のなかで、私はどうしてもっと気の利いたことが言えなかったのか、と後悔し、ほんとうに彼女が今日ふらふらと街を彷徨うのではないかと心配しました。同時に、でも私は、生きるうえでの苦労は、ほんとうは誰も代われないとも思いながら、渋滞したクリスマスの夕方、長い時間を掛けて病院に戻りました。

その後、彼女は、きちんとバスで通院し、病院のなかにある学校に登校し、これも無事卒業しました。その後、彼女は親戚の家で高校生活を送り、幸せな時間と多少の挫折を味わいながら、無事新しい人生を手に入れることができました。実際の通院は二年ほどでしたが、その後の手紙での近況報告と相談は十年以上になります。

私は、これまでも、そして今も、学校に行ってしまったり、バスでの実施研修などをしてしまうなど、診察室から飛び出して対応してしまうことがあります。診察室のなかだけで解決できないからでもあり、「こうしてみたら」と言うよりも、「一緒にやってみない」と言うほうが、あと一歩を踏み出すことができるように思うからです。

3　誰も悪くないのに傷ついた少女との出会い

この子とは、九年たってから再び会うことになりました。彼女は小学校一年生のとき、同級生の不注意でケガを負います。右足を複雑骨折してしまい、登校に支障を来し、その後、長く運動が制限されることになりました。少女も家族も、この過失からのダメージをどう処理してよいのか、苦しみました。特にご両親は、故意でないことを承知したうえでも、行き場のない怒りと悲しみを抱えてしまいました。友人の教師から相談に乗ってもらえないかということで、私に連絡が来ました。

私は、誰にも請求できない医療費が発生しないために、また診察記録を残すことをしない、ということを条件に、相談に乗ることを決めました。

非常に冷静でしっかりした両親ですが、それだけに、入学早々のケガにこころを痛め、生活に支障を来した娘に対して、どう説明してよいのか戸惑っていました。相手の子どもやその親へも、どう対応するべきか、こころを痛めていました。被害者側としてなにか言えば、周囲は謝罪したり労ったりしますが、それ以上なにもできません。不注意からのことですから、子どもを責めることもできません。両親には、本当に激しい葛藤がありました。怒りもありました。周囲のこころない言葉に傷ついた時期もありました。長い時間は、最初は「大変ね」と言っていた周囲が「もういいかげんにしたら」と言うようになるという変化を、両親に突きつけるようになりました。ケガを負わせた子どもは当然故意ではないですから、元気に学校で生活します。当然ですが、両親は釈然としません。もういいかげん許して終わりにしたいという思いと、被害を受けた代償として、どうしても、うやむやにだけは絶対にしたくないという思いがあります。

最初の三年間、こうした葛藤と私は付き合っていました。会う日は特に決めず、必要時としました。会う時間帯は、仕事が終わってからということで、夜の八時か九時となりました。なにもできないけれど話を聞くことはできる、ということで会っていました。

しかし、彼女が小学四年生ころになると、運動の制限や周囲からのからかいに彼女は傷つくようになり、当然親へ当たるようになりました。すると今度は、家族内での苦労を聞くことになりました。中学の三年間は特にそうしたことがもっとも大きくなる時期でもあり、家族の苦労はなかなか報われず過ぎていきました。親は娘にケガのことを伝えます。すると娘はその男の子を許せなくなります。なんともつらい時期が過ぎていきました。その間、私は、ずっと両親と会っていました。

彼女が高校に進学することが決まり、不慮の事故から九年たったとき、私は彼女とはじめて会いました。彼女のつらさに寄り添ってきた両親が「あなたのことで相談してきた人」ということで紹介してくれて、「それなら私も一度会う」ということで実現しました。

初対面ですが、「私はあなたが、今までどれほど親に大切に思われてきたかを知っている」と伝え、同時に、「これまで誰のせいでもないことで、しかし、あなたがとてもつらい日々を送ってこられたことも聞いてきたし、今も予測できる。その意味で、本当にこれまで親もあなたもよくがんばってきたと思う。そしておそらくこのことを、継続的に知る機会を得た他人は私だけで、そのことを実は私はとても誇らしく思っている」ということを、私は彼女に伝えました。

彼女は笑顔で泣きながら話を聞き、自分のこれからの希望をたくましく述べ、帰っていきました。本当に私は、これまでの時間に耐えた親を称え、それ以上に一人苦しんできたこの少女の思いに感服しました。つらいこともあるけれど、笑えるときも必ずあるのだなと思い、九年目のはじめての出会いに感謝しました。

日常を支える・生き方から学ぶ

私の臨床は、その後、不登校から発達障害のある子どもへと進み、同時に家族や関係者をいかにして支えるか、というほうに向かいました。さらに最近は、「支える」という言葉よりも「支え合う」という言葉のほうが適切な感じがしています。私自身が患者である子どもたちに支えられ、家族や関係者に気づかされ、支えられているからです。

あるとき、父親からの暴力から逃れるため、素性をかくして逃げてきた少女が受診されました。どうしても父親の暴力場面が頭から離れず、呼吸ができなくなったり、頭がぼーっとしてしまうということでした。診察中に、その子は突然「おまえは、私を裏切らないか、見捨てないか」と低い声で唸るように言うので、私は「裏切ることも、見捨てることもしないよ」と返答しました。直後にその子は椅子から滑り落ちました。

しばらく定期的な通院が続きましたが、ある晩に病院に電話が掛かってきました。日中に父親が娘の居場所を見つけ出し、電話を掛けてきたというのです。恐ろしくなった娘は仕事中の母を呼び出し、家で震えていましたが、病院に連絡をすればなんとかしてくれるかも、ということで電話をしてくれたのです。

私は、まず病院に来ることを提案しました。そして急いで警察に連絡しましたが、直接被害がない以上は、周辺のパトロールを密に行うしかないという返事でした。病院に到着した少女と母親は、当然のようにパトロールの隙間の時間が恐ろしいと言います。そのためこのまま病院に入院するか、病院の近くのホテルに偽名で宿泊するか尋ねました。親子は相談の末、病院近くのホテルに泊まることを決め、私は急いで手配をし、親子を宿泊させました。

見捨てないこと、裏切らないことを実践するには、自分に対して誠実に動くことが求められ、しかし同時に、そこには覚悟が求められると思っています。どこまで関与するかという基準は、関与するべきか否かではなく、自分が関与できるところまでという自己判断でしかなく、自己の責任のもとで行える事柄のみに関与するという限界設定が必要になります。私は、いつもその設定に悩みます。

従来こうした限界設定は、自分で問うことではなく、すべきかすべきでないかという視点で検討されてきました。過剰な肩入れは、単純化すると逆転移とか呼ばれ、好ましくない行為と言われてきました。

村瀬先生のエピソードのなかで、ある施設を訪問したときの話があります。先生を歓迎するために、子どもたちはしばらく絵を描く練習をしてきたのに、先生が訪問したときに、うまく描けない子どもがいたそうです。周囲の職員が励ますなか、先生はその子の鉛筆を取り、こんな感じでなかったかしらと、一緒に絵を描き始めて完成させたそうです。あとで職員は、「せっかく練習してきたので、なんとか自力で描かせたかった」と言ったそうですが、村瀬先生は「でも私は、うちの子どもがもし絵が描けないで困っていたら、手を出すわ」と返答したといいます。私は、ここにある当たり前の対応こそが日常の支援であり、優れた心理援助であろうと思っています。

先日もある保育士さんに、「先生、自閉症の子どもは集団生活ができないので、一対一の構造化した環境で、絵カードなどで交流すべきとよく言われるのですが、うちの保育園はそういったことができないので、親子に申し訳なくて」と言われたことがあります。私は「それで今、とても大変なことが起きていますか」と尋ねました。「それが、自閉症と診断されたAちゃんは、結構集団になじんでいるし、私の指示にもちゃんと答えてくれるんですよ」と答えてくれました。

私は、こうした「今」を大切にしない（できない）情報に、多くの関係者が途方に暮れていないか、日常が席巻されやしないかと危惧します。特に、最近の発達障害ブームにより、対応方法を巡ってさまざまな情報が広まっています。その一方で、今を抱え支える関係者が自信をもてなくなっている、失っているような日常に申し訳なく思っています。先の保育士さんの言葉にあるように、「医学の専門的なことを知らない」から「よい保育を提供できていないのでは」という思いが助長されているように感じます。私は相手に、保育のプロじゃないですかと答え、訪問したときは、日々の保育のよい面を伝えるようにしています。

こうした臨床への思いを、自分のなかで軌道修正していくなかで、村瀬先生のご著書を読ませていただき学んだことがあります。もちろん、村瀬先生がおっしゃっていることではなく、読んでいて私が考えたことですが。その学びの一つは、功名心とか「私が」という思いを突出させることなく「自分の責任の取れる範囲で動いてよい」ということで、そのためには「静かな覚悟」と言うべきものをささやかに自覚するということです。

こうしたことは、文字にすると単純かつ当然というようなことですが、実際には、かなり意識しないと表面的なことに流されてしまいます。今の関与は自分の関心が先走っていないか、今、この事態をどこかで「自分のために」利用しようとしていないか、ということは、第三の目で己の言動を点検しなおさないとできないことでもあります。対象者を自分に置き換え、しかし、相手になりきることなく、その状況をできるだけ推察する、ということが求められます。われわれが実践する臨床には、実は知らずに対象者に気遣いいただいていたことが、先に述べた事例とのやりとりからも窺い知れます。だからこそ、対象者にとって不利益にならないこと、不利にならないことを最優先し、プラスにならないまでもマイナスの対応をしないように心がけないといけないと思います。

あるとき私は、相手の話を聴き続けることが本当につらくなったときは、どうしたらよいのだろうかと思い、一度村瀬先生に尋ねたことがあります。そのとき先生は、「体半分で聞くようにしている」と第三の目の重要さをさりげなく示唆されました。自分の責任の取れる範囲に自己陶酔してしまうと、本末転倒です。体中を耳にすることなく、耳になっている自分を見つめ、その耳に語りかけるその人を第三の目で眺める――村瀬先生がおっしゃった言葉の真意はこういったことでしょうか。

私の臨床は、病院のなかで始まり、次に白衣を脱いで街に出かけるようになりました。しかし、それは、再度白衣が着られる病院を、常に背後にもっていたからこそできたことでもありました。この後ろ盾がなくなった今、改めて障害とか病とかを、人間から切り離すことなく見ていけるような人になりたいと思うようになりました。今まで学んできた経験をできるだけ汎化するなかで、たくさんのプロトタイプを作ってきたなかで、私のわかることを伝え、しかし、私がわからないことも正直に伝えたいと思います。

私は、紆余曲折しながらもやはり「こころ」に近づきたいのです。

文　献

中井久夫・山口直彦（二〇〇一）看護のための精神医学、医学書院

Schwing G (1940) Ein Weg zur Seele des Geisteskranken. Rascher Verlag. Zürich.（小川信男・船渡川佐知子訳（一九六八）精神病者の魂への道、みすず書房）

第二章　子どもの心に出会うこと

統合的アプローチの視点から（2）

村瀬嘉代子（北翔大学）
田 中 康 雄（北海道大学）

切り取られた人生の真実を見つめる

村瀬　今、短いなかに大切な本質がさりげなく込められたお話をうかがわせていただき、本当にありがとうございました。先生のお話は、実った稲穂は垂れるという、まさにそういう感じで、できる方というのは大変謙虚でいらっしゃいます。人間はものごとの本質が見えないと逆に本当に謙虚になれないのだと、お話をうかがっていて改めて思いました。

ここで少しだけ私から先生のプロフィールを申し上げます。先生は自分がいろいろ不慣れで診療もいつも疑問をもちながら、とおっしゃいましたが、患者さんや地域の精神保健のために文字通り、身を挺してお仕事をなさってきた方です。たとえば北海道十勝の市民病院、旭川の病院でも、地域のいろいろな職種の方、それから当の患者さんや家族の方と情報を共有しあうということ——ものを解決していくにはみんなが共通理解をもって、今着手できることは何かということがわからないと、実はなかなか成果が上がっていかないものですけれど——、それを先生は実践なさっています。たとえば発達障害と思われる子どもが先生のところに受診するときには、お子さんとご家族、それもお母さんだけではなくて都合がつけば他の方も、そのお子さんを保育園のころから知っている方、あるいは地域の保健師の方、それから民生委員の方などが一緒にワゴン車に乗って外来に行って、それで先生がその子どもさんを診察なさる。今の生活の様子を関係者からお聞きになってみると、親が思っているのと学校の友達のなかでいるときの様子など、人間というのは時と所と状況、相手のありかたによって行動は変わりますけれども、その子どもの状態が全体的にわかる。だから、こういうところから着手したらどうかという、本当に意味のあるプラクティカルな医療の実践をなさっている。先生が北海道を去られて一時東京にいらっしゃったときも、それからまた今札幌にいらっしゃってからも、私がたまに北海道のいろいろな勉強会でお目にかかる方々は、意味のあることを裏付けをもってしっかり話しあうという姿勢を貫いていらっしゃいます。そういう精神風土が北海道の勉強会には根付いていることが感じられます。

私は地方に行くたびに文化は地方の時代だといつも学ばせていただくのですけど、田中先生はそういうことを実践なさっている。帯広市と一言で言ってもすごく広いところです。先ほどのバスの話も淡々となさいましたけれど、それはそれは人が誰もいない、広いゆるやかな丘の彼方まで行くとまた丘と草原が拡がるという大変なところで、気の遠くなるような状況でそれを実践なさって、地域で一緒に生きていく、地域で知恵を出しあって支えていく「連携」ということを大事になさって（『支援から共生への道』（慶應義塾大学出版会）という雑誌にそのテーマでエッセイをお書きでございますけれども）、それを早くから実践なさってきた方です。

それからもうひとつ、短い事例のなかに切り取られた人生の真実、その人がリアリティをどれだけ認識し、症状としてどれくらいの重さの方かということは、自ずとなにげないワンフレーズから伝わってくるというお話をしてくださったと思います。それは先生のものすごく緻密な観察眼と、生きた形でご専門の知識や技術をおもちだということのなせる業です。それに加え、先生は演劇にも大変造詣が深く、ご自身でも舞台に立っていらっしゃいます。普段お話ししていると、いつご本を読んでいらっしゃるかと思うくらい読書家でいらっしゃいます。とりわけ、演劇の脚本のお話なんかするとぱっと顔が輝くという方なのです。

すぐれた劇というのは脚本を見るだけでひとつの台詞、それから間にある少しの沈黙のなかに人生の真実が切り取られているとわかるものですよね。私は先生とお話ししていると、そういうスタンスで言葉を使いながらお考えになっていると感じることが多くあります。先生は今日の子どもたちがわからないとおっしゃりながら、妙にご自分の方向付けでア・プリオリに患者さんに向かっていらっしゃるんじゃなくて、言うなればとっても広い何かよくできた特大のミットみたいに、どんな暴投をしてもちゃんと受け取るキャッチャーという感じでいらっしゃいます。ですから、登場してきた患者さんやご家族の方が必要なことを自分の言葉で選んで、非常にすぐれたドラマの本質を描き出すように自分のことを語っておられたんだなっていうふうに聞いていました。こういう実践と体力、気力、それから上質の技術と知識、本当はそういうものを駆使して、いつお休みになるのかと思うくらいの生活をしていらっしゃる、ということを先に付け加えさせていただきます。

等身大で人と向きあう

村瀬　私が感銘を受けたことのひとつに、事例の子どもたちのことを、子どもとか中学生とかいう主語を普通の年齢、つまり大人と書き換えて聞いても、ちっとも違和感がないと感じたことがあります。それは、その人にわかる言葉で話しながら、でも大人が未熟な子どもに向かって、あるいは医者が病人に向かって話すのではなく、基本的に人と向きあっているということが基底にあるのだと思います。それでいながら、これが大切なポイントですけれど、みんながクリスマスを祝っているときに一人部屋にぽつんといる子どもに、やっぱりここにいるといいよと言って、その子どもがその子でしか担っていけない真実――他者が代われない――を、とても重いことですけど、きちんとおっしゃって、「じゃあ帰りにちょっと温かいものでも一緒に飲む？」とはおっしゃらない。それは大変な勇気が要ったと思うのですけど、たとえ相手が重い患者さんであっても、あるいは子どもであっても、人として対等にいながら、でも必要な限界や役割を認識していらっしゃるということに感銘を受けました。先生はそういうことをいつからどんなふうに意図して身に付けていかれたのか、秘訣を教えていただくと勉強になると思うのですけど……。

田中　深いお話なので、私は何かもうほわーっとして聞いていて、誰のお話をしているんだろうって（笑）。そうですね、いつごろからかはわからないんですけれども、ひとつに、私は田舎の病院に勤めたとき、それこそ私の年齢以上に入院されている方がたくさんおいでの病院で、この空間で四十年過ごすというのは何ということなんだろうって、びっくりしたということがありまして。これは絶対におかしい、単純に人として変だと思ったので、彼らに「ここを出て生活したいと思いませんか?」ということを毎回診察のたびに言ったら、数人の方が出たいとおっしゃって、出るべきだよねっていうことで出る方向で取り組んだことがあるんです。

しかし、四十年以上一般社会から離れて生活した方が地域で暮らすというのはこんなにとんでもないことかと思うくらい、もう大変なんですね。キャッシュカードひとつもなかった時代に入院された方がキャッシュカードを使う、あるいはテレホンカードで電話をするということすら難しいとき、入院の長さだけではなく、彼らから人間的な生活を奪ってしまった僕らの責任というものを感じました。何とか退院して地域で生活していただいたんですが、半分は戻ってきちゃったんです、生活ができないということで。半分の方はスタッフが毎日のように訪問して生活がようやく成立したというようなことがありました。あのあたりから医療を中心とするというのは間違っているのかなあとも思いました。

北海道内のある公立病院の精神科で、今は九州で開業されている先生が同じようなことは行っていたんですね。最初そこに見学に行かせていただいたとき、退職された元看護師長の方が、退院された人と一緒にグループホームで生活をしていました。そこで、その方に、「僕らもこういうことをしたいんだよ」って言ったときに、「いやね田中さん、そういうことをするっていうのは二四時間患者と生活を共にするということなんだよ」って言われて、ああ僕には無理だっていうことも思い知り、それじゃ僕のできることは何だろうと思っていたのがベースにあります。生きるということはある意味ですごく大変なこともあって、そこまで全部担えないということを思いました。同時に、その大変なことを担いきれないことの良さみたいなところもあるんじゃないだろうか、良いことをいっぱい提供していきたいんだけれど……ということをずっと思っていました。

それで中学三年生の女の子が「もうどこか行っちゃおうかしら」っていうときに、「おいおい待て待て、じゃあ温かいものを」と本当は思うんだけれども、そんなつかの間の優しさみたいなものを出したところで、飲み終わった後にまた君はひとりで家へ戻らなきゃならないんだっていう現実を、またどこかで僕は伝えなきゃならない。これからずっと一貫して君とのこの距離感を縮めることも伸ばすこともできないのだったら、これは僕にとっても痛みではあるけれども、僕は僕で帰るよって言わなきゃならないんだろうなあと思いました。そして、その前の先生との関係性を幻想のままに留め置いてリアルにしていかないのは良くないと思って、「あれは幻想でありリアルとはこういうことなんだ、人一人で生きるっていうようにして、やっぱり君は生きなきゃ」っていうメッセージを贈りたかったのです。

でも本当に帰る車のなかでよっぽど戻ってしまおうかなと思いました。ちょうどそのころその地域では援助交際が身近にありましたから。どうしようと本当に迷いながら、いやいやこれは踏み込んじゃいけないところだという思いと、ここは痛み分けしよう、でも全然僕のほうは痛みにならないけれど、彼女の痛みのほうがめちゃくちゃ大きいんだけど、何かそこで同じ地平に立てたなというような思いとが錯綜していました。これは、その前にやっぱり彼女のボディーブローが効いているんです――「本当の苦労知らないでしょう？」っていうボディーブローが効いていて、苦労っていうのは一人一人が抱えていくことだっていうことも伝えたかった。その前の統合失調症の方のサポートにも限界があり、人が生きるということは悲観的になることはないけれど誰かが肩代わりしてくれることでもなく、主体的に自分で生きることを選ぶしかなくて、それが素敵なことのはずと思っていたんです。

村瀬　ありがとうございました。手元の資料に、「科学との対立を避け、融合した思いを携え、そこに居つづけるためには、我々はそもそも受動的、未熟的存在であるという悲哀の知が求められる」と書いていらっしゃることですね？

田中　これは先生の本によく書かれてある「知と情のバランス」のことで、私のひとつの目標です。いわゆる知という部分のロゴス、論理的な展開っていう知はやはりとても大事ですが、無知というものを誇らしげにもってもいけなくて、その過ちを犯さないためには日々の研鑽、学習が必要になります。でも同時に、もうひとつやっぱり情という部分のパトスはどうしても必要だと思っていて書いたものです。でも、それに向きあうためには資質、人格が必要なんだって思ったときに、ああこれはやっぱり全然立ち行かないなあと思いながら、先生との日々のやりとりなどをふと思い浮かべては、人格が知と情を支えるというバランスになるのだなあと、ちょっと思った次第です。

つねにリニューアルして相手と向きあう——臨床のアルファにしてオメガ

村瀬　現在、日本の精神医学は生物学主義の方向にウェイトがかかっている状況下で、大切なものは何かということをはっきり発言することは本当に覚悟がいることで、あえて孤独になることを怖れないという勇気がいりますよね。そしてもうひとつはお若いとき、経験を積んで研究が進めば自分なりのある何かが蓄積されてきて、そのときはまだ過大だと思い呻吟している目の前の問題も自分が何とか対応できるだろうと、おそらくふっと思われる瞬間がおありだったと思います。ですが、大勢の患者さんに会われ、いろんな状況に遭遇されて、実は行けども行けどもきりがないという感覚を最近おもちではないかと行間から感じました。でも一体臨床の本質は何かということを考えたときに、臨床家としての熟達に終わりがないということは避けて通れない命題だと思っていらっしゃいますか？　その辺のことを聞かせていただくと、私たちは努力をしつづけるエネルギーが沸いてくるのじゃないかと思うんですけど。

田中　そうですね、たしかにこのエンドレスというか際限のないことについては、本当にゴールがないなあというふうに、ずっと走りつづけるしかないんだと思っています。先生もそうおっしゃってくださると心強いんですけれども、私は本当に精神科医の友達が少なくて、お医者さんの集まりに出なくなってしまいまして、その一方で、別の職種の仲間とはよく会うことがあります。その友人の一人とこの間会って話をしていたんですが、ちょうど一緒に走りつづけた十年前にともかく前向きに進めていこうと思い、「僕たちは消耗品でいいんだよね」っていうのを彼と約束しているんです。僕たちは、その消耗品的な動きのなかで、きっといろいろな変化が起きるんじゃないか、僕たちはそういう役割をもっているんじゃないかって思ってきました。まあでもさすがにこの歳になってきて、消耗品もどうして途切れないんだろうと思いながら苦労しているというところがあります。

行けども行けどもきりがないという話ですが、私もきりがないと思いつつ、でも何か別のことをしたいというわけでもなく、ただ何かわかったかのようになってしまうと、そこですべてが終わってしまって喜びがないようにも思えてしまう。終わりのない話をうかがいながら、私は私なりにストーリーを作っていく。まさに先生がおっしゃるように、私はきっと頭のなかで脚本を書いているのかもしれません。話を聞きながら色々と思い浮かべるんですね。この人はどんな人柄なのかなあとか、お家はどんなお家なんだろうとか、そこにどんな日常があるんだろう、その舞台を思い浮かべながら、そこでどんな暮らしをしているんだろうって。私はその確認をしたくて地域に出る往診が大好きだったりするんです。

そういうリアルなものを直視すると、自分の思いが届かなかった、追いつかなかったという感覚が生まれます。そうすると、やっぱりもっと深くそのイメージをもっていかなければこの人に近づけないんじゃないかと思い、シナリオをもっとリアルに書く力をつけていかなきゃならない、でもおそらくそれも限界があって無理なんだと承知しているんだけれども……という感覚がつねにあります。

チャップリンがあなたの代表作は何ですかって聞かれたときに、死ぬまで「ネクスト・ワン」って言いつづけたように、きりがない出会いをしつづけていきたいという気持ちがあるんです。そうやって思っているたびに、本当にそういうことに出会うような方々が来てくださって、たとえば綿々とした話を淡々とされ、私はそれを聞きながら「ああ、でもそういうことが生きるっていうことなんだろうな」なんていうふうに思い、生きることについて思いをめぐらし、頭を下げるしかなかったこともあります。そんなふうにいろいろな方に教えてもらいながらクヨクヨと、きりがない出会いをしています。

ほとんど這いつくばってやっているところがあって、もっと勉強して本も読み、研鑽を積まなければいけないと思っているのですが、きっと私の役割は本当に、ただただ走るということのなかで、もっとそういうことができる方にこのバトンを渡すことだと思います。実はこのことは、十年前の彼との約束から綿々と思っているところです。わからないということは「まあいいか」ということじゃなくて、「だからわかりたいんだ」っていうふうに飽くなき接近をしたいんです。でもきっと掴めないよなあって思い、けれども星にこう手を伸ばすように伸ばしつづけていくしかないとしか、今のところ私のなかでは思えていないようなところがあります。

村瀬　今のお話をうかがっていて、とても不思議なんですけれども、田中先生という方は相手を対象化してお話を聞くだけではありません。自分が遭遇している課題について考えているだろうかと自問し、あるいはそのいろいろなことに対して妙に私小説的あるいはナルシシスティックに自分のことをあれこれ考えるのではなくて、この課題に関連しながら御自身について掘り下げて考えていらっしゃるように思います。私自身にも今、自然にただ先生のお話を聞くだけではなくて、聞きながら考えるという、そういう兆しが生まれてきたのです。

先生の外来で、あるいは家庭訪問をされたりして先生と出会う人は、先生が本当に真摯な意味で――ナルシシスティックに自分のことを考えるのではなくて――、自分はこの課題をどこまでわかって何ができるのか、どう責任が取れるのか、こう思っているけどもっと本当は他の可能性があるのではないかっていう、つねに安直にわかりきれないで掘り下げていらっしゃるのに接すると、何か暗黙の相乗効果が起きてきて、自分のことは蓋をして触れたくないと思う人も考えるようになるのだと思うのです。今お話をうかがっていて改めて思ったのは、自分のことをきちんと見つめるとかってすぐ言いますけど、そういうことを相手にいきなり求める前に、こちらがつねにそれをしていること、つまり自分を素直に振り返ることが大切ではないでしょうか。それから普通に考えれば、不公平で人生の不条理と嘆きたいような自分にまつわる重荷を、でもこれはやっぱり自分のことだから仕方がない、担っていくんだ、一人ぼっちでも今夜ここにいようとか、それから自分には両親が揃っているような居場所はないけれども、でもこころを寄せてくれるおばさんの子どもになる、これが自分にとっての今の時点でのいい事実だ、というふうに収まっていくのではないかと思います。私は先生のお話を伺いながら、自分の臨床のことを自ずと考えるようになってきて、実はこれこそが臨床の要諦のような気がいたしました。

田中　そう言っていただけると本当にうれしいなと思います。最近はともかく、出会った方に対して、いろいろなことを主体的に受け止めた上で、自分の人生を喜びと責任をもって生きていってほしいなあっていうのをすごく強く思っています。そんなふうに思ったときにたまたま、九年目にはじめてお会いした、昔怪我をした女の子と、またお会いすることができました。私も一緒に泣いちゃったんですけれども、ああそういう出会いが予定されていたんだなあというふうに思いました。私がずっと一方的に知っていて終わるのではなく、今ここで君と出会えたということが私にとってはすごく嬉しかったんだっていうこともお伝えすることができました。でも君の怪我してからの人生は、君はこれからもずっと引き受けていかなければならないことなんだよなっていうような思いをもちながら、私のできることもあるし、できないこともあるしっていうことを、正直に出していこうとも思っていました。

私は謙虚な人間ではなくて、とんでもない人間だと自分で思っているのですけれども、正直に生きようとは思っています。なるべくオープンに話をしていきたい。なので親御さんと先生とは一緒に会いましょうという話をして、裏でうんぬんということをしないで、もう全部オープンカードでやろうよっていうことを、できるだけ心がけています。ただ、それが本当に良いことかどうかっていうのはいろいろ疑問に思いますが。これがパターンになったりマニュアルになったりテクニックになってしまったら、その瞬間にそれは滅びるなとも思っていて、毎回リニューアルして相手に合わせていかなきゃならないっていう部分では、いつもできるだけ新鮮になりたいと思います。臨床で心がけているのは本当にそれくらいです。昔はもっと技術、技法を身につけたいと思っていたのですが、長くやってきて、結局自分の身の丈にあった臨床をすることに落ち着いたってところですね。

村瀬　ありがとうございます。もう時間でございます。それでちょうど今、パターン化してはいけない、いつもリニューアルとおっしゃってくださいました。私どものほうから言えば、それはこういう疾患単位であるとか、あるいはこういう類の問題だというふうに類型化することは容易ですけど、それを抱えている方からすれば他ならないその方の病であり、他にはないその方の生きる上での障害ですから、そういう意味では、一方でそういう基本の概念や対応方法といった、いわゆる基本の技術をしっかり会得することは必要です。しかし、その人に焦点を合わせて、掘り下げて考えぬくことが大事だということを教えてくださったと受け止めてよろしいでしょうか？　私はそのことが臨床のアルファであリオメガであり、言葉で言うのはやさしいですけど、これがいつも本当に実現できるようになるときに、それは本当の達人なのだと思います。けれど、達人にはなかなかなれなくて、いつも足らないなと思いながらやりつづけていくのが仕事だと思っております。

お話をうかがいたいことはまだたくさんあるのですけれども、貴重な大切なことを凝縮してお伝えくださいまして、まことにありがとうございました。

第三章　心理臨床の未来

ロジャース・グループ・統合的アプローチ

村瀬嘉代子（北翔大学）
村山正治（九州大学名誉教授・21世紀研究所）

グループワークと統合的アプローチ

村山 「これからの心理臨床家に求められること──統合的アプローチを参照しながら」という講演タイトルをいただいて、何をお話ししていいか実はよくわからないんですよね。まずは最初に私の感想なり質問をさせていただいて、統合的アプローチのいまだによくわからないところをもう少し話していただけるかなと、そう考えています。

統合療法、統合的アプローチというのは、二〇〇〇年くらいからアメリカでコモンファクター（共通要因）という観点から大きなテーマになっています。アメリカの統合的アプローチはリサーチから諸心理療法の共通の効果要因を抽出するところから出発していますが、逆に村瀬先生の統合的アプローチは臨床実践的に事例を提出されており、世界で一番具体的という意味で進んでいると思います。そして、二一世紀の心理療法はいずれ統合的アプローチという方向に発展していくと感じています。

まずセラピストが非常にのびのびしているというのが全体的な印象です。最初の広汎性発達障害をもつ子供と家族の事例は、グループの編成の仕方にしても集団療法の組み方と違って、きょうだいも一緒にしちゃうとか、メンバー構成が非常に工夫されていて目的に応じて自由に組んでいる。もちろん枠はちゃんとあるし、日直として主体的に参加させるという決まりもある。私はグループというのは「はじめにグループありき」ではなくて「はじめに個人ありき」と考えるほうがずっとうまくいくと考えています。「はじめにグループありき」では、グループから外れる子に対するネガティブな気持ちが援助者から起こってくることになりかねない。ですから「はじめに個人ありき」と考えることがひとつ大切なことです（新しいグループ観に関しては、村山の章末の文献参照）。

それからグループでは必ず「初期不安」という形でいろいろな現象が起こります。この初期不安を参加者一人ひとりがしっかり感じていることを確認してもらいます。だから第一セッションではグループを組まない。まず参加者一人ひとりの心理的スペースを確認してもらう。今の自分の気持ちを確認することと、自分のペースでいてよいという安心感を感じてもらう。やはりきつくなったらグループから離れて休んでいいというのは大事です。たとえばエンカウンターグループの合宿に行くんですけれど、三人くらいドタキャンが出るんですね。つまりグループ体験以前に行きたくなくなっちゃう。だから休むのもかまわない、自分のペースでいい――「自分のペースでいい」という言葉がものすごく大事です。実は、初期不安が高いほどグループはうまくいくという効果があって、初期不安の高さと満足度は相関が高いのです。初期不安が悪いというわけではなく、自由に休みたいときに休めばいい、嫌なことは嫌だという気持ちをもっていていいっていうメッセージを送ることが一番大事だと思います。ですからグループというのはイメージとしては「ばらばらでいっしょ」というのが一番いいんじゃないかな。グループというと統一行動ばかりみたいに思うものですから、統一行動ができない行程がたくさん出てきたらいい。それともうひとつは、グループ内に動きがあって自然発生的にそれが出てくるということが、グループにとって大事な気がします。サポートグループという言葉を最近よく使いますが、グループはこういう形態で発展していくのかなというサンプルを見せていただいたように思います。

個人面接については、村瀬先生の本（村瀬、二〇〇三）に非常に迫力を感じた事例がありました。ロジャースのグロリアのビデオもそうですが、一回のコンタクトで動きが出る、つまりセラピストが自分のことを理解してくれたと思ったときの人間の心の動きというのはすごいものだっていうことを教えてくれている。心理療法の流派に関係なく共通するものという意味のコモンファクターという表現がありますが、セラピストが自分のことをよく理解してくれたとクライエントが感じたときが一番成功率、効果が高い。ですからセラピストが丁寧にクライエントの好みやセラピーの場面で感じる気持ちを受け取るために、いろいろなチャンネルを使うことが、ただ聞いているだけではどうにもならない人、聴覚障害や重複聴覚障害の人を理解する道を開く。このような努力が統合療法、統合的なアプローチの特色だと思います。統合療法というと縛りが重くて、「統合的アプローチ」や「統合的な考え方」と言うほうが僕にはいいようです。河合隼雄先生はいつも「事例研究」であって「事例研究法」と書いたことがないんですよ、たしか。方法にしてしまうとセラピストのそこでのあり方みたいな部分が消えちゃうんじゃないでしょうか。「法」っていうのは手続き論になっていくニュアンスがあって、クライエントとそれを対象化するセラピストとの一方通行の関係がどんどん強くなっていく気がします。

最近ロジャースの三条件（「自己一致」「無条件の肯定的関心」「共感的理解」）の設定の仕方にいろいろ批判が出ていて、たしかに三条件は大事ですが、でも考えるとそれはセラピストがもっているべき条件なんですよね。ところが最近ボハート(注1)などアメリカの文献を読んでみると、セラピストの共感を共感たらしめるクライエントの力が評価されていない、だからもっとクライエントの何かを感じている力も研究されるべきだと主張しています。

アメリカの文献ですと統合的アプローチはいろいろな療法を使うという発想が強いのですが、本当はある種の統合状態のようなものではないでしょうか。たとえばグループがなかなかうまくいかないまま明日で終わりというとき、今晩はどうしても帰れないから夜みんなで智恵をつくして何か起こったときに備えようとする結集力みたいなものです。つまり統合的アプローチというのは、いろいろなツールを適所に適切に自分が責任をもって使えるものを使うという側面があります。またクライエントに対するセラピスト側の統合状態ということも、すごく大きいのではないでしょうか。セラピストは結局「一人学派」だとロジャースは書いてますし、結局一人ひとりのやり方を作っていくという意味で、セラピスト自身の統合状態は大事なことです。

ロジャースと統合的アプローチ

村山　二〇〇一年にカリフォルニア大学サンディエゴ校で開催されたロジャース生誕百年記念シンポジウムに招待されたときに耳にして、帰国して文献を読んだのですが（*Empirically Supported Therapy Relationships : Summary Report of the Division 29 Task Force*）。アメリカ心理学会の二九部会「心理療法部会」が、これまでの様々な立場の心理療法の研究三千本くらいをチームで検討して、メタ分析（新しい研究ではなく今までの研究を評価する方法）をしたところ、たいへん面白い結果が出たんです。コモンファクターとして、心理療法の効果には流派にかかわらず四つの要因があるという研究結果が出たのですね。

その四つとは、一番目は治療場面以外での要因。クライエントの日常生活、つまり、セラピストがいないところで変化するのが四つの要因一〇〇％のうち四〇％を占める。二番目は、治療関係という言葉で治療同盟をも含めていますが、この治療関係が三〇％。なかでも共感が治療効果と最も相関が高いことが示されました。三番目は、このセラピーで治るというクライエント側の期待のことで、一五％を占める。それから四番目に、特殊な技法が一五％。ですから専門家が関わることになるのは治療関係と合わせて四五％くらいです。このコモンファクターは、これからのセラピストの養成訓練に影響を与える結果です。ただ、アメリカの文献は、リサーチの結果は出しても、どのようにセラピストを養成訓練するかという具体的な提案がまだ出ないんですよね。それではセラピストのあり方が抜けてしまうのではないでしょうか。日本の統合的アプローチは、村瀬先生が統合的心理療法の考え方で提示された事例に示されているように、非常に具体的ですよね。こういうセラピストのあり方まで含めたアプローチのほうが臨床的ではないかという気がします。

それからもうひとつだけ、僕はロジャースとジェンドリン（注2）を自分の師匠みたいに思っています。ロジャースが死んだときの追悼文にジェンドリンが書いていますが、『ロジャースはクライエント中心療法を見つけようと願ったわけではなく、クライエントに役立つ方法を作ろうとしてきたのだ』と言っているわけです。それがロジャースの必要十分条件というもの、ある意味ではコモンファクターですよね。これは諸流派に関係なく三条件が役に立つと仮定されているという意味で、あらゆる心理療法の共通効果を探そうとしてきた先駆的仮説です。ジェンドリンも体験過程療法を提出して、これがあらゆる心理療法の共通の変化を捉えると考えていて、そういう意味ではジェンドリンもロジャースもコモンファクター派です。

これは村瀬先生の著書に書いてあるのですが、統合的アプローチをするセラピスト自身の資質とか技法を支える姿勢こそが大切で、そうでなければ技法の折衷以上のものにはならない。統合的アプローチとは、ひとつの完結したマニュアルがあるという形式ではなく、つねにセラピスト自身の資質の向上が必要だと書いてあります。それに加えて私は科学観を変えないといけないと思っています。事例研究や臨床実践も科学だと考えないと臨床は発展しない。数字と実験をするのが科学だと考えると、現実があまりに不毛になってしまうからです。そこについては私はロジャースの考え方を大事にしているのですが、彼の科学論は、科学というのは探求の様式なのだから、事例で役に立つ方法を作ることも仮説を作ることも、それを実証することも科学なのだというものです。言ってみれば、心理臨床の科学における統合的アプローチ、そういう意味で事例は臨床心理の大事な科学的な営みなのだと理解しています。

科学と臨床心理学の絆

村瀬　長時間にわたりまして、迷いのなかで模索しつつある未完成な営みについて、非常にポイントをついた、しかもそこから新しい課題を示唆されるようなご高見をいただきました。本当にありがとうございました。

村山先生がお話しになる内容とそのときの先生の表情の変化、そのことからもいろいろなことを考え学ばせていただきました。たとえば先生は、発表者がのびのびと話しているときはそれに波長を合わせるような温かい微笑みを浮かべて聞いていらっしゃいますが、同時にひとつ新しい提言をなさろうとするとき、ここは大事なポイントだとおっしゃるときのあのまなざしの鋭さと厳しさも印象的でした。そんな私じろじろ見てたわけじゃなくて遠慮がちになんですけれど（笑）、とても温かく包容力のある感じと、ここぞと思うときにさりげなくしかしシャープになられる感じ、この二つはやはり臨床の仕事をしていくときのベースに必要なことではないかと思います。

さて、先生は『臨床心理学』の「事例研究」という特集号（第一巻第一号）で、科学は大きな転換期に向かっているとお書きになっていらっしゃいます（村山、二〇〇一）。今、エビデンスとかアカウンタビリティーということが言われていて、エビデンスが数字に表わせることから、科学の本質的な特徴はシンプルな「y=ax」という関数になることだと思われているのではないでしょうか。先ほど、科学とは本質的に違う大事なものがあるというご指摘がありましたが、自分の置かれた立場でそれをきちんととらえて発展させていく、そしてアラビア数字に表わさなければ公共性がないという批判に屈することなく……

村山　僕よりちゃんと言い切っておられる。すごいです（笑）。

村瀬　公共性をもって自分のしたことを表現し、語り、文章としていくことが、これからの臨床家の課題だと思うのですが、そのような点について知りたいと思います。

村山　亡くなった河合隼雄先生もよく言われていましたが、臨床心理学はいつも「科学とは何か」というところにぶつかる、周りからいつも科学ではないと言われるものですからね。「科学ではない」ということは、科学をどう見るかという科学観の違いであって、本質的に科学であるかないかということではありません。一九六〇年代から科学の見方が変わってきています。たとえばロジャースは、録音するほうがしないより、より科学的にデータが正確に得られるという考え方です。つまり、きっちり数字で結果を出すのではなく、まずより正確に知ろうとか正確なデータを扱おうとすること自体が科学的行為だとロジャースは考えます。それがひとつ。

それから臨床心理の世界では事例研究の成果を出すべきだということ。きちんとした役に立つ事例を臨床体験として書くようにすると、我々の力が世の中でずっと広がって伝わるんじゃないでしょうか。ロジャースはフロイトを批判しましたし、科学論からして批判しているのですが、すべての知識は仮説であるとして、認識の三様式つまり主観的認識と現象学的認識と客観的認識を分けています。主観的認識の特色は、たとえば僕は家内を好きだろうかっていうのを自分自身に問いかけます（笑）。これは体験過程として自分の気持ちに聞いているのです。主観的認識は、自分の体験過程でチェックする。それを主観的認識だと考えます。あらゆる研究や科学的な行為でもっとも大事なのは、主観的認識だとロジャースは言います。つまり、科学者が最終的に判断するのは自分の主観的認識ということです。たとえば、昔アメリカのデューク大学で念力の実験（一九四三年デューク大学超心理学実験室で行なわれた）があったそうですけれど、それを覆すのは困難なくらい精密な実験をしている。ですが当時、手続きがちゃんと合っているのに、「そんなのは偽物だ」といって主観的認識の立場から科学者が信用しなかった。このように主観はとても大事なものですが、アメリカの心理学は主観的なものを軽蔑して心の現象を科学から排除した経緯があります。それで二番目の現象学的認識が必要になるのですが、評定法の例が一番わかりやすい。たとえば僕が「今日はあの人ちょっと調子が悪いんじゃない？」と思う。そして別の人に「あの人今日調子悪いよね？」と言って何人かで「やっぱりあの人は今日調子悪いよ」と決める。評定法は何人かの人が一致することで、仮説をチェックする。それが現象学的認識のことでもある。そして三番目の客観的認識は、科学者なり専門家が決めたグランドルールに従って同じ手続きを踏んだら同じ結果が出るか出ないかで仮説をチェックする。それが客観的認識というものです。

大事なのは今自分がどの認識様式を使っているかをわかっているということです。それが成熟した科学というものです。主観的認識を使っているのに客観的認識だと主張するのは混乱を起こすだけで、良い科学とは言えない。だから事例研究や統合的心理療法の考えに適った経験則がたくさん出てきますが、それはまだ客観的には証明されていない仮説です。たしかに客観的に証明することは可能なんですよね、その手続きをすれば。しかし、それを客観的認識と見たら間違いを犯すと主張している。それともうひとつ、客観的認識は全部物事を対象化してしまう。相手を物として見てしまう。サイコセラピーの場合だと、ロジャースはいつも悩んでいました。自分はセラピーのときには人間の側で、科学者になったときは科学の側だという、有名な論文（「人間か科学か」）がありますよね。それくらい臨床心理学は科学だと主張するのは挑発的なことでした。でも彼はその両方を使って心理療法の世界を実践と理論を遊離させないようにして発展させてきました。だから安心して、自分の効果ある事例を積みあげていってほしい。それ自体は非常に科学的な行為だと主張するのがいいと思います。

セラピストの統合――相反するものの融合

村瀬　今のお話からも、昨今強調されるエビデンスとかアカウンタビリティーがこの客観的と称される認識に偏りすぎて、そこにある実態を的確に捉えるには十分ではないということがわかります。それで今先生はロジャースの言葉を引きながら、科学か人間かということではなく、その両方を大事にすることが彼の仕事だとおっしゃってくださいました。同じように私たちが心理的な援助をするとき、実践と研究は別のものではなくて、優れた臨床の実践は研究でなくてはならないし、本当に意味のある研究をしているとそこに臨床的な効果が生まれるものだと思います。そう考えますと、今のこの三つの認識の形を自覚しながら、今自分はどこに目標を置いているかを理解しつつ実践することが大切だということです。

ロジャースは若いときに、大量のデータから緻密な手続きを経て質問紙を作成するというような仕事もしている人です。そしてジェンドリンは、パーソナリティが変容するという現象は理論の違いを越えて、それらの現象には通底するものがあるからに違いない、ということを言っています。亡くなった主人（村瀬孝雄）が一九六三年にアメリカの学会誌でジェンドリンの論文を読んで、この人に会ってくると言って、突然ジェンドリンを訪ねていったことがあります。帰ってきたときには、新しい世界が開けたような表情をして居りました。いろいろな学派が違った言葉で説明しているけれども、人は非常に状態が悪い重篤なときには、自分の内側に起きていることを的確な言葉で他者に伝えることができない。また人の言葉を、自分のなかにうごめいているいろいろな感覚や言語化以前のもやもやした気持ちとうまくつなげられない。そういう孤立化した状態の人をうまく内面と外のチャンネルにつなぐのが、ありとあらゆる心理療法の共通項だとジェンドリンは言っている、と話してくれました。そのとき読んだジェンドリンの論文は、非常に哲学的かつ神秘的で難しかったのですが、お年をとられてからは、話し方も文章もずいぶんわかりやすく平易な、しかし内容は深く一層示唆深い表現に変わられたと思います。でも、ジェンドリンの言う体験過程ってやっぱりすごく大変なことで、ジェンドリンってもとは哲学者……

村山　哲学者ですね。

村瀬　その哲学者が一方で体験過程をすぐれて主観的な体験として感覚的なものを言語化しようとしているのに対して、他方で哲学は観念的で、生々しいものの感覚とは違う、それを捨象して考える世界ですよね。私はこの偉大な先人がその理論を形成する土台として、まったく反対のことをその領域でしっかり勉強し、あるレベルのものを体得されたうえでこういうことを言われたことに、意味があると思うのです。蓮の花が泥のなかで根を張ってあるのと同じような意味で、本当は物事というのは相反するものをどう融合させるのかというときに、正反合の新しい世界が生まれるんじゃないかと、先生のお話をうかがいながらふと思ったのです。

たとえば先生がお書きになるものや普段多く触れていらっしゃるものは、グループ体験が中心で、地域活動は福岡で展開されていますけれど、そういうイメージだけで先生のお考えを聞いて納得したつもりになると、その理解は少し浅いものになるように思います。今も先生は、非常にわかりやすく認識の本質的な特徴をお話しくださいましたが、実は非常に理論的な論文も書いていらっしゃいます。受け皿を広くして、柔軟に対象の人に出会って率直に相手の反応を受けるには、自分のなかに異質なものをうまく取り入れる努力がいるのでしょうか?

村山　僕自身は学生のときに哲学をやりたいと思った時期があって、それからカウンセリングに入ってきた人間ですが、哲学趣味は残っています。若いとき初心に関心をもったテーマは大切で、読書も自分にフィットするものを読んだほうがいいと思います。そのうちにいろいろなことが見えてくるので、学生にはよく、大学の教官がいろいろ言ったことをすべて受けとめると混乱するから、自分にフィットすると思うものはとりあえずいただいておけばいいんだと言っています。

統合的アプローチについて村瀬先生が一貫しておっしゃっていることに、実践と理論を分離しないこと、それが生き方の問題にもつながるということがあります。心理療法家はやはり生きるということが前提になりますから。先生は、実践と自分の生き方ができるだけ統合されているように厳しくされてきたんじゃないかな。ロジャースも実践と理論の乖離を危惧していました。

それから河合隼雄先生もそうでしたし、ロジャースもそうでしたが、だいたい二十代で人生における自分の存在意義を確認して、この時代に自分は何をしていくか、一生の自分の方向性をかなり考えるものです。ロジャースなんてずいぶん迷っていますよね、農学部から歴史、そこから牧師をめざしてキリスト教学校に行って最後は臨床心理学ですから。人間はやはり生きていくうえでは、自分が本当にしたいこと、使命のようなものがある気がするのです。最近ちょっと心配なのは、若い方々が臨床心理士資格を取るためだけにエネルギーを注いで、何のために資格を取るのか、何のために臨床心理士になるのかっていう問いが非常に希薄な感じがすることです。これはちょっと怖い。セラピーではクライエントが落ち着いたあとでいろいろな困難にぶつかりますからね。そうすると、すぐにまた化けの皮がはがれてしまう（笑）。何のためにこんな療法やっているんだという話になりかねない。そこでまた仕事を変えるのも手段のひとつですけれど（笑）、そういう問いはもう少し大事にしてもいいと思います。せっかく出会った問いかけですから。

僕はこのごろ、そのために大学院の学生に夢を語ってもらう授業をやっています。そこで自分の将来のヴィジョンを書かせてみたりします。実現できるかできないかは関係なくて、自分の方向を自分に問うこと自体がとても大事ではないかと思います。それでいつのまにかそこへ動いているということも結構ありますし。要するに狙いは自分の方向性、臨床のなかでもどの方向が自分にぴったりかを探すこと、自分の好みとか大事にしたいものを確認すること――そういう作業が臨床家にとっては必要だと思っています。

統合的アプローチの本質――逡巡のなかの決断

村瀬　今先生が夢を学生に語らせるとおっしゃいましたが、夢を語るって意外に勇気がいりますよね。たとえば子供のときに飛行機の操縦士になりたいって言っているときは、責任感もなく楽しく言っているわけですけれど、二十歳も過ぎて先生から夢を語りなさいと言われるときには、それなりの自分に対する内心の問いがございますね。だから私たちはだんだん夢を語れなくなり、夢がないからいつのまにか決められた枠組みに流されて、そしてある枠組みの基準に達すると、自分はここまできたんだからいいんだと思うようになって、するとだんだん何か違ってくるのではないかと思います。そう考えてみますと、統合ということが療法になるのは方法論になることで、しかし統合は本当はアプローチなのだという先生のお話は、とても大切なことだと思います。彷徨しているみたいに言葉のトーンを一段下げて、ためらいながら統合している一瞬というものが臨床家には必要です。その瞬間は、いろいろな要素が練りあわされて新しいものが開かれるように、完成したまとまりというより自分のなかで両極あるいは異質のものがありながら、でも今のこの瞬間これを選び取ることが大切だという内心の声と、他方で夢を語ることにためらいや恥を感じる反対の気持ちと、その異質のものが混在するなかで選び取らなくてはならない

――村山先生はそのことに関して、もっとはっきり言語化するように促していらっしゃるのかと思ったのですが、いかがでしょうか?

村山　いや、僕はそこまで言語化できていたわけではありません。ただ統合療法、統合的アプローチは、アメリカだとあまりに技術論だけに思われているから、どのような技法を使うのかというときにこそ重要な要素があると考えていました。ただ、村瀬先生にもうきちっと言語化していただいたので（笑）、今みたいに表現していただくと、とてもよくわかります。

村瀬　つまり、本当の質の良い臨床は、いろいろな要素がうまく組みあわさって非常に上質で密度が濃いもので、その人のなかで拮抗している要素を抱えながら、ある瞬間ではそのどれかを選び取らざるをえないという覚悟や勇気がいるものだと思います。たとえばある先生がクライエントを受け入れるとき、あなたが来るかぎり僕は消えませんと、それをはじめから言ったら違います。たぶんそれを言うときに、一抹のためらいや気恥ずかしさや、どうなるかなという気持ちがあるのではないでしょうか。私はやはりある種スリリングであることがとても大事だと思いますが、臨床家がスリリングな状況に耐えていくということについて、どう考えていらっしゃいますか？　私、先生は非常に温厚でにこやかでいらっしゃいますけれど、でも本当はスリリングなところがたくさんある方だと、臨床の記録を拝読したりして思っているのですけれど、いかがですか？

村山　そうですね、特にグループでは今言われたように、自分にいろいろなことがあるなかでこれをやろうみたいな、その選択、そういう勇気がどこかにあります。

村瀬　エンカウンターっていうのは恐ろしいことですよね。希望してそのグループに入っておられる方でも、ずいぶん個人差があるわけですよね。

村山　ええ。

村瀬　抜けてもいいという自由を保証することは、構造化されたグループより不確定な予測しがたい要因を必然なものとして全部受けとめることですから、相当難しい状況のように思います。

村山　そういう側面もありますが、そこがグループの良さで、他のメンバーに支えられるものなんですよ。自分というものを他の人が理解してくれたり支えてくれるあたりが、グループが好きなひとつの理由かもしれません。先ほどの話で言えば、だいたいグループではこれ以上進まない状況になったとき、グループメンバーの自主性を尊重するのが最良です。ファシリテーターも欲望で動くのが一番危ない。「もうちょっと良くなれば……」という気持ちで展開させ始めるのはとても危ない。

村瀬　ということは、一方でファシリテーターや臨床家は、自分が展開してきたなかで知りえた情報や感じ取った要素について、ものすごく考えたり感じたりして自ずと仮説が生まれてくるものですけれど、しかし考えているけれど囚われてはいけない、ということでしょうか？　何も考えないで無念無想でメンバーに任せる、ということではないんですよね？

村山　そうではないですね。どちらかと言うとグループは後半になると自分もメンバーの一人になっていくことがありますが、メンバーと同じ責任というわけにはいきません。集団療法ではリーダーは最後にきちっと責任をもつものだと思いますが、エンカウンターの場合には比較的対等な感じが後半ではかなりします。ただ、突然いろいろなことが起こったりすることもありますからね。

二一世紀の臨床心理学に求められること

村瀬　先生は福岡を中心として、狭い意味でのエンカウンターグループの他に……

村山　福岡人間関係研究会というのをつくっています。

村瀬　そうですね、居場所の提供のようなところですよね。

村山　そうです。

村瀬　その実践をなさっていて、そこにはいろいろな問題を抱えたいろいろな病態の方が来られていて、非常にフレキシビリティがあると聞いています。逆に考えますと、どなたでもどうぞと門戸を開くのは大変なことだと思います。ただ、質の良いボーダーレスな臨床として、二一世紀の世の中で臨床心理学が必要な存在として残っていくには、一九世紀から二〇世紀前半にかけての臨床心理学が自己規定に沿って現実を切り取って考える趣があったところから一転、それを越えて、ボーダーレスな状況のなかで他の職種の人と一緒に共通言語を語りながら、しかし問題となっている人や事柄に深く的確な洞察力を働かせる――そういう提言と関わり方が求められていると思います。

ご承知だと思いますけれども、国家資格をもつ投資の専門家（ファイナンシャル・プランニング技能士）は単に、ある資源国でどのような開発が進んで、これだけ投資すればリスクはこれこれで利益はこうなるという次元だけではなく、トータルにその国の政治経済や国民性を勉強していて、一方でどういう顧客にそれを勧めたらいいかという家族心理学も含めたトータルな勉強をされているようです。とすると、そういった他の領域で人間生活に洞察を深くもつ方が増えてまいりますと、今のところは精神医学との協働が中心課題とされますが、これからは他のさまざまな専門家と協調しながら仕事ができるかということが切実に問われてきます。しかもこれをクリアできる臨床心理士が切望されるステージに入りつつあるように思うのですが、先生はいかがお考えでいらっしゃいます？

村山　同感です。スクールカウンセラーもそのステージに入ってきています。ここでは私の体験についてしゃべります。先ほどの福岡人間関係研究会のボーダーレス状況についてですが、僕がエンカウンターグループに惹かれるのは、人間のある種の自由さとつながれるところだと思います。ですからたとえば僕は福岡に三十年いるのですが、実は地域の人とつながってないんですね。エンカウンターで重要なことは「地縁ネット」ではなく、「こころのつながりネットワーク」です。それから二一世紀の臨床は、僕のなかではロジャースという人をもう一度イメージしなおすようなものです。ロジャースは、ベトナム戦争以後のアメリカの動きに怒りを感じて、自分のカウンセリングの方法で貢献したいということで死ぬまで平和運動をやりました。あれも彼の生き方ですが、自分にもそういうできることがないかと今探しているのだと感じています。自分のなかにはまだそれがあまりはっきりとは見えていないのですが。

村瀬　私よりほんの少し年上の先生が、今のようなことをご自分のなかで尋ねていらっしゃるということは、すごいことだと思われませんか？　自分のなかで何かを尋ねている人に会うとき、失望している人も、「生きる」とはこういうことだと言葉を超えて空気が伝わってくるのだと思います。先ほどグループは、グループとしての方針を前もって考えるのではなく、個人をまず大切にすることから始まるとおっしゃいました。けれど、今の社会であまねく席巻している価値概念は「早く、たくさん、上手に」というものです。この価値概念は経済原理と直結していてすぐには覆せなくても、本当に人間らしい生活にとって十分だろうかと考えさせられます。福岡の活動のことや、集団療法のテキストに書いてある発想とは逆のことをおっしゃいましたが、今の社会の歪みを生んでいる「早く、たくさん、上手に」という原理に対するノーということを、先生は臨床を通して言おうとされているのだろうと思いました。

村山　うまく表現していただきました。しかし、その方向をこの現実のなかで生きていく在り方のひとつがエンカウンターグループなのです。たとえばスクールカウンセラーの予算を取るときに、やっぱり文部科学省から対費用効果を要求されると、まったくの別世界に自分がいることになります。これだけお金を使ったらこれだけケースが良くなる、不登校が減る、という計算をする世界が一方ではあります。

村瀬　一九九五年に日本のスクールカウンセラーの試験的な導入が始まりましたが、先生はそのときから日本に臨床心理士によるスクールカウンセラー活動を根付かせるべく、文部科学省をはじめいろいろな都道府県の行政に働きかけようと一番先頭に立って活躍してきてくださった方です。実は学校現場からの苦情もあって「そんなこと僕に言われたって……」と一言漏らしたくなるような局面があるなかで、でも今日では小学校全校にスクールカウンセラーが配置されるようになるまでに発展してまいりました。私は思うのですけれど、先生がずっとフォーカシングとそれから……

村山　エンカウンターですね。

村瀬　そう、エンカウンター、それに時間とエネルギーを注がれるのではなく、まったく異質の環境に身を置かざるをえないところで、現実のなかで御苦労なさりながら生き延びて交渉していらっしゃいます。逆にそれがあるから、幅広くいろいろな方が来られている。居場所を提供する活動はひとつ間違うと非常に難しいものですけれど、それが今日までつつがなく発展を遂げてきている。どこかで美しい理屈だけではいかない現実の原則のなかで生き延びていらっしゃるということが、逆にあるひとつの理想を体現させているのだと思いました。

村山　僕の場合は仲間にずいぶんサポートされているし、スクールカウンセラーの事業も村瀬孝雄先生をはじめ河合隼雄先生たちが交渉してくれていました。僕はそんなに交渉力は決して高い方ではないし、あまり好きではないのですが、そういうネットワークや人との関係に、チームでやっていることで救われているんです。同時に「ばらばらであって一緒」というイメージも、グループのなかで実践してきたことのひとつでもあります。

村瀬　長時間にわたってありがとうございました。あえてまとめなどをすることは、かえって大変示唆深い先生のお話を矮小化してしまうので、心から先生に感謝を捧げてこの時間を終わらせていただきたいと思います。

注

（1）アーサー・ボハート（Arthur C. Bohart）……編著書に Empathy Reconsidered : New Directions in Psychotherapy (1997) American Psychological Association, American Psychological Association がある。

（2）ユージン・ジェンドリン（Eugene Gendrin）……主著に『体験過程と心理療法』（村瀬孝雄編訳、一九八一、ナツメ社）、『フォーカシング』（村山正治ほか訳、一九八二、福村書店）、『フォーカシング指向心理療法（上・下）』（村瀬孝雄ほか監訳、一九九八、金剛出版）がある。

文献

Arthur C. Bohart (2004) How Do Clients Make Empathy Work? Person Centered and Experiential Psychotherapies, 3, 2, 103-115.

Carl R. Rogers (1961) Human or Sciences ? in On Becoming a Person : A Therapist's View of Psychotherapy, Constable.（保坂　亨訳（二〇〇五）人間か研究か、諸富祥彦・末武康弘・保坂亨訳『ロジャーズ主要著作集・3』所収）

村瀬嘉代子（二〇〇三）統合的心理療法の考え方、金剛出版

村山正治（二〇〇一）事例研究―エンカウンター・グループの視点から事例研究の意義をめぐって．臨床心理学 一－一、四一－四六頁

村山正治（二〇〇五）ロジャースをめぐって―臨床を生きる発想と方法、金剛出版

村山正治（二〇〇八）ＰＣＡグループの試みと実践を中心に．人間性心理学研究　二六－一・二、九－一六

第四章　私が面接で心がけてきたこと

精神科臨床と臨床心理学をめぐる考察

村瀬嘉代子（北翔大学）
中井久夫（神戸大学名誉教授）
滝川一廣（学習院大学）

臨床のはじまり——病と障害の経過への注視

中井　ただいまご紹介に預かりました中井です。ご招待ありがとうございます。「私が面接で心がけてきたこと」といっても、面接歴も四十年を超えますので、時によって違ってきております。私は途中から医学部に転向したので、それがベースにあります。まずは、どのようにして精神科に入ったかということから話を始めてみたいと思います。

医学部では、あまり満足できない内容の講義がいくつかありました。そのひとつが自律神経系の講義でした。自律神経系は交感神経と副交感神経とが補いあいながら対立しあっているもので、いわゆる心身症のひとつのベースになっているわけです。この自律神経系というものが講義ではさっぱりわからなくて、そのときに読んだのがアンリ・ラボリ（Henri Laborit）というフランスの麻酔医の『侵襲後異常振動反応とショック』という本です。ラボリはその後、向精神薬の第一号であるクロールプロマジンを精神科に導入するのですが、たまたまその本に出会ったというのがひとつ大きな転機です。

普通、特にドイツ系の外科学は、とにかくメスですべてを賄おうとしますが、フランスの外科学は二〇世紀初頭以来、術後管理を非常に重視した点に特長があります。これは日本で習う外科学とは相当違うものです。手術後の揺れがどのあたりから収まっていくのか、あるいは収まりそこなってショックを起こして命にかかわるのか、そういうことを手術後に時間を追って追跡していくのです。我々はストレスという言葉を日常的に使いますが、ストレス反応というのは、自律神経系より後にそこから派生したらしい内分泌系のなかの視床下部、そして下垂体、副腎系、皮質系という系が反応のベースになっています。ストレスという言葉をつくったのはハンス・セリエ（Hans Selyé）というカナダの内分泌学者ですが、私はセリエの本も読みましたけれど、どうもこちらはあまり面白くなかった。

ただ私がここで何に興味をもったかというと、病あるいは障害の経過なんですね。つまり時間軸でどう変わっていくか。これは私の今までの臨床を特徴づけるひとつの大きな軸になっていると思います。経過は調べにくいもので、たとえば血圧の経過を測ろうと思っても二十四時間測定するのは難しいし、現在の方法でも、かなりストレスフルで、どれだけ自然な血圧が測れているのかわかりません。しかし、突然良くなる（クリシス）かゆっくり良くなる（リュシス）かを最初に区別したヒポクラテス以来、経過というものは、時間軸に沿った病気の流れを調べ、考え、感じることです。それが私の医者としての臨床のスタートです。ただしこれは実は少数派です。ある時点を選んで血液などを採って、非常に詳細にいろいろな数値を出していくこと自体は重要ですけれども、いかに精緻であっても、ある一点、ある時間でのことであり、しかも採った瞬間からどんどん過去になるわけです。いかに荒っぽくても時間を追って経過をみていくと、ある一点をいかに精密に測定してもわからない流れが見えてきます。例として植物を考えてみましょう。その植物をある時点で撮影していろいろなことを調べても、将来虫に食われるか食われないか、どんな伸び方をしていくのか、何百年も生きるのか途中で枯れるのか、ということは確実には予見できない。しかし、それほど調べなくても、ずっと植物を眺め、ちょっと虫がついたら取ってやり、足りないと思ったら水や他の栄養分を補給してやると、次第に見えてくるものがある。これがヒポクラテス以来医学の基本であろうと私はその頃から思ってまいりました。

私はなぜ精神科を選んだのか

中井　学生の間、私はあまり精神科を考えておりませんでした。ちょうどそのとき友人がうつ病になって、彼の婚約者と一緒に大学病院に連れていったのですが、そこでたくさんの人が電気ショックをかけてからベッドに寝かせてあるところをみて、こういうことは私には耐えられないと思いました。私は科学を志すには決定的に向いていないところがあるのですが、それはそれは不器用で、実際に試験管を人の倍は割りました。ただ後になってから科学を神様みたいに思ってしまうことを危惧して、若いうちに経験しておこうと思ったところ、ちょうど医学部の管轄下にないウイルス研究所にひとつ席が空いていたので、そこへ入れてもらったわけです。大した仕事はしていませんが、そこから精神医学にもっていったもののなかで一番役に立ったのは、科学的に調べるのに適しているかどうかの判断です。適していないものは百年経っても実験を組むことはできない。この区別の仕方です。それで、いかに精神医学が遅れているかという一般論に悩まされなかったのが私の幸運だったと思います。もうひとつ、特にウイルスではそうですが、経過が日単位や時間単位で変わっていきます。伝染病については、その伝染の経過をグラフで表現していく習慣があるわけです。グラフ用紙を使いこなすというのは、ひとつのアートですね。グラフが書ければしめたもの、というのは、歴史学の人が年表が書けたらしめたものだというのと同じです。その両方を習慣として行なうようになりました。残念ながら私の工夫したいくつかのグラフはあまり使われていませんが、私はグラフを描くことでずいぶん助かったと思います。

その頃まだ精神病というのは、ハンセン氏病あるいは結核のように非常に治りにくい病気とされていました。統合失調症は、治ったらもともと統合失調症ではなかったのではないか、などといわれていたものです。ガンの場合も、自然治癒が起こっても理論的には不思議ではありませんが、報告すると、最初からガンでなかったのではないか、といわれるのと似ております。私の頃まで精神科医には、せめて生涯にわたって病気に悩む気の毒な人の側にいてあげようという人が多かった。私は幸か不幸かもうひとつ見学に行ったのが脳外科でして、その頃の脳外科というのは手術をしたらそれだけでした。日本ではリハビリはしないのですかと聞いたら「いやぁ君、重要なことはわかるけどね、人の手術の失敗後の面倒を見たい人はいないよ」といわれました。また、神経学というのは、脳出血とか脳腫瘍とか脳の変性疾患を扱うのですが、当時の治療は治療法がほとんどなく、極端にいえば脳になっていただいてから研究するというスタンスでした。精神科病院に行ってみると、少し弱々しくても、なんとか退院する方が多いんですね。そのように退院する方が結構いるので、これは希望がもてるのではないかということで精神科を選んだわけです。

そのときから精神科病棟に入る方法を考え始めました。その頃ジョージ・シャラー（George B. Schaller）という類人猿学者がいて、彼がゴリラと出会う話を本で読みました。その頃日本の猿学者はゴリラとうまく出会えなくて、代わりに雑食性のチンパンジーを餌付けして研究していました。エコノミックアニマルみたいなやり方だと思いました。研究が終わるとバナナをもらいにきて手ぶらで帰ってゆくわけです。日本の探検隊は、ゴリラのようなノーブルな動物はとても人間の祖先とは思えないといいました。これは当たっていたのですが、シャラーという人はひとりで森に入っていきました。するとゴリラにはさっぱり出会えないけれども、ゴリラのいた痕跡は便とか何かいっぱいあります。だからゴリラはこの森にいるに違いない、シャラーはそう考えました。実際、シャラーが森のなかにいると四方八方からの視線を感じるのです。それで、これは自分が過剰に人間でありすぎるからだ、森の一部になったらゴリラは出てくるんじゃないかと思って、森のなかにずっと立っていたんですね。そうして森の一部になりかけてきたかなと思う頃、ちらちらとゴリラが出てきて、結局最後はゴリラと一緒に壮大な夕日を眺めたりゴリラと背中を合わせて昼寝をするところまでいくわけです。しかしこうなると論文を書くというようなことはしたくなくなったのか、シャラーの論文はあまり面白くなかったですね。

精神科病棟に話を戻せば、当時の精神科病棟は閉鎖的で独特な匂いがして長くはいたくないものでしたが、私はシャラーの話を知ってから、まあその一部になったらいいだろうと思ったわけです。最近、私の知っている精神科病院からは匂いがなくなりました。一時はあの匂いは統合失調症の特徴ではないかと疑われ、統合失調症者を蒸し風呂みたいなところに入れて空気を集めて特異物質を探したりしたようですが、何も出てこなかった。私が気づいたのは、患者であろうとなかろうと、話していて急に不安になると、あの匂いが、息のなかにあの匂いが混じってくるということです。つまり不安になったという信号です。受験生にはあの匂いがするという人もいるくらいです。

それから私の治療方法があまり自分を出さないものになり、障子を開け放ってそこから風が吹きこんでいるけれど座敷には誰もいない、という感じに近づいたときのほうが面接がうまくいくことに、少しずつ気づいていくわけです。そのきっかけは、シャラーの昔々の本に始まることでした。

精神科臨床の日々

中井　私が精神科に入ってから今までを振り返ってみると、その頃経済的に楽でなかったものですから、いつ経済的な責任を負ってもいいように、学生時代から眼科の勉強もしていました。眼科は事実上ガンがない。ひとつだけある子どものガンは小児科に行くのです。出血で死ぬこともない。緊急の手当ても五種類ぐらいしかなく、非常に安全なんですね。そしてきちんと数値を測っていけば、駆け出しでもベテラン並みの結果が出せる。私は精神科では少数の患者を診るだけにして、二年ほど眼科で飯を食っていたんですね。私の眼科の腕を評価してくれた大学の先生から開業の手伝いをするようにいわれました。ところが大勢をこなせるようになりますと、まあ私のような不器用な人間は芸が卑しくなるわけです。なまじできてしまうことの恐ろしさを知りました。いつか眼科は辞めようと思っていましたが、こうして進歩がなくなったことが大きな理由だったと思います。

一方、精神科のほうは大学病院で一人について週に二、三回診察をしておりました。私の最初の患者は、ローレンス＝ムーン・ビードル症候群の患者でした。それは、知恵遅れ、指が六本以上ある多指症、それから視力が網膜の変性のために低下する色素性網膜症をあわせもった劣性遺伝なのですが、兄弟全員がローレンス＝ムーン・ビードル症候群の方でした。一生に普通一例か二例しか診ないこの人を診ることで私は、どこにも書いていないこの患者の行動に寄り添っていくことで彼と良い関係ができたわけです。結局は尿毒症で亡くなられましたけれど……。

そして二番目の患者さんはカナー型の自閉症でした。この患者さんは風船を膨らませては割るということをずっと繰り返していました。そこであるとき私は風船に顔を描いたのですが、私を真似して目鼻を描くようになりました。これはうまくいくかなと思ったら、目が三つになったり四つになったりしてきまして、やはりこれは大変難しいものだと思いました。彼は四歳か五歳の子どもでしたが、自分が住む村の墓場に行って墓石を近くの小川に投げ飛ばすんですね。ここで私が学んだことは、人間は何分の一かの力しか出せないようコントロールされていて、これに対していわゆる火事場の力というのがありますが、その力の歯止めが利かなくなったら大変なことになりかねないということです。チェルノブイリもちょっと無理に出力を上げようとして大爆発を起こしてしまったわけですけれど。つねにゆとりをもって患者の生活を相談していき、決してエネルギーを絞り尽くさないという教訓を、彼から学んだと思います。

三番目はスキゾフレニアが始まったばかりの患者さんで、診断名は非常につきにくかったのですが、今から見るとトラウマの要素が非常に大きかったと思いますね。実はこの方は一卵性双生児で、もう一人は故郷の精神病院に入っていたんです。それで私はその年に、一度会いに行きました。そうしますと、ぽちゃぽちゃと肥った慢性の統合失調症患者になっていたんですね、すでに。ところが私が担当した方はむしろ痩せてぎらぎらと眼を輝かせている。ときにモーツァルトの音楽に浸りすぎて「モーツァルトが鳴っているときは私がいない。私が戻ってきたときにはモーツァルトがない」といったりしていました。双子のうちどちらが良かったのか、そもそもこの違いは治療方法が違うからなのか、わかりませんでした。ですが私が診た方は、高校を出て東京都の保健所に勤務したときに同僚からポルノ写真を見せられるんです。すると女性が気の毒になってきて、それを考えて眠れなくなって、という道をたどりました。もう一人の方は、恋愛に関連して発症するのですが、とにかく、このケースは私には忘れられないケースです。というのは、この人は非常に苦しみが強く、もう他の患者を診るのはやめて自分だけ治してほしいと要求までした人でしたから。

この方はそのうち独りで絵を描き始め、そして私に見せるようになりました。そのときに絵の力というものを知ったのです。つまり言葉では決して出てこない内容の話が、絵を添え木にして自然に出てくる。そのとき絵には、症状がそれほど重きをなしていないということに驚きました。つまり症状は生活の全部を占めているわけじゃないんですね。症状はほとんど絵に出てこないんですよ。せいぜい人間と人間とのあいだの影響力が、一種の波動のような形で淡く描かれるくらいです。そして彼は、対人関係の混乱や自分が置かれた位置について、尖った針の上に石が一つ乗っていて、隣には卵に閉じこめられたヒヨコがいて、このヒヨコもこの石も自分であるというのです。これは言葉、問答ではまあ絶対に出てこないと思います。これは症状ではなく、むしろ彼が自分のあり方を感じているあいだにできたものです。普通、統合失調症の人の絵はあまり影や勢いというものはないのですが、回復期に激しく叩きつけるような絵を描くということもわかりました。この十八歳の少年患者さんの場合は、人が乗っていないボートが波に寄せられて岩に接近していく絵を、油絵の具を画用紙に叩きつけるようにして描きました。その後になって、さっきの鳥と石の絵を描き、さらに内部に自分が座っている洞穴を描き、上に上がれないが下に落ちもしないという絵になっていきました。あるときにはたくさんの花を同時に描きました。それから天体の絵を描いて、地球を離れて遠くから眺めたら自分は小さいものに思えると話したりしました。

患者さんに絵を通じて治療をするアートセラピーがさかんなヨーロッパでは、絵に芸術作品として商品価値がついていますが、私はそれを好みません。治ったら絵が売れなくなるということになるからです。ですから私は、あくまでメッセージの媒体として考える立場です。その頃たまたま自発的に絵を描く患者さんが三人いました。その絵画を、描いた順番に並べてみると、わかってくるものがあります。流れをとらえるということですね。見かけはあまり変わっていないのに、絵が大きく変わることがあります。これが励みになりました。

精神科医が当時非常に悩んだのは、毎回同じ面接をして、最後には睡眠と食欲と便通くらいを聞いて終わることの「退屈さ」でしたが、その退屈さから救われ、患者のなかにはとても大変なものが生き生きと動いていることを、私は知ったわけです。こうなると、患者がどんどん回復への転換期である「臨界期」に入るのです。めまぐるしく変化するこの時期の患者さんは同時に三人以上はとても診ることができなかったので、患者さんを意図的に三人ずつ選んで治療を行なっていました。そのはじまりがわかるのには、面接でなにか言葉以前のものとして感じる場合と、クロスワードパズルを解いていくような場合とがあったと思います。私がそのどちらかに傾きすぎると「これはちょっと偏っている」というセンスが徐々に生まれてきたのが二、三年目でしょうか。そういう感覚が生まれると、まさに誰かの理論通りだと鬼の首でも取ったように誇る気持ちが起こりにくくなります。同時に私は、結局何派でもないということになってしまって、おまえは何派だと聞かれたら苦し紛れに「リアリズム」といったりしていました。これは「実際に則して」というつもりでした。その頃は患者さんが次々に臨界期に入るので驚いていました。アートセラピーによって治る過程に入る人がダムのように溜まっていたのでしょうね。

症例は生活の輪郭を描く

中井　それからだんだん私も変わっていくわけですが、最後のほうになると、患者さんのために四十分、初診の場合は時には二時間くらい時間を取って診ることもできるようになりました。外来診察室が十診まである時がありました。「この二週間、お互いに無事でよかったね」ということで終わることも多かったのですが、最低限の身体診察はしました。短時間だと中医学式のほうが得られる情報が多いのに気づきました。初診で一時間以上取ると、かなり急性の患者さんの場合でも、その人の生活のほうが比重が大きく、病気はその一部であるということに気づくようになりました。しかし症状も軽視せず、症状そのものの動きをグラフで追いかける方法も開発しました。すると症状だけが病気の動きではなく、病気はその人の生活の一部分であるということが見えてくるわけです。症状の話ばかりを一時間聞かされるのは臨床ではよくあることですが、しかしだいたい四十分経過したあたりから繰り返し同じ話が出てくるものです。

これはアルコール依存症の人を診ているときに導入した方法ですが、野球はどのチームのファンなのか、魚が好きか肉が好きかなど、一種の生活の輪郭みたいなものを聞いていくわけです。アルコールの場合には好みがある人ほど予後が良いんですね。もうアルコールなら何でも良くて、えいやっと飲んでしまって意識混濁に潜りこみたいという人は、やはり予後が良くない。しかしアルコール依存症に限らず、うつ病であれ統合失調症であれ、つねに生活全体のなかでどのように位置づけそこから離脱しようとしているのかを考えるようになりました。初診に長く時間をかけると二回目からは待ってくれますが、初診のときにそそくさとやった人はあまり待ってくれない、それは当然だと思います。それなら三分診療はどうなのかといわれますが、実は三分診療にも利点があります。たとえば薬の処方は生活の話に入ると難しく、短期間の診察のほうが効率的かつ正確に処方できることが多いですね。それで私は薬は他の人に処方してもらうことにしました。それにはプラスもマイナスもありますが、ただ長く話を聞くと薬の量はずいぶん減るものです。

それから私はあるときに気づいたのですが、精神医学に「貢献した」患者、治療者にあまりに多くを与えすぎた患者は必ずしも予後が良くない。たとえば、ある電子工学の大学院生だった人は、緑内障という失明に至る病気をもっていました。私たちは急性精神病状態になる前、眼圧が上がってくるところで食いとめることに成功したのですが、ついにこの方は失明されたのです。

それからもう一人の女子大生は、作業療法を行なっていたのですけれど、作業療法に使われていた紙に走り書きの絵があったので「君はこういうものなら描けるの?」といったら、そのとたん「絵なら描きますよ」といった。そのとき、外は春景色なのに家だけは雪が厚く屋根を覆っている絵を描いてきて、そして「ここだけはまだ寒いの」と話してくれたのですが、たった一度だけ回復したことがありました。この人は躁うつ病であるか統合失調症であるかと診断が分かれたケースですが、二度目には躁状態で発病され、そして結局出奔して投身自殺をしました。浅い川の橋から落ちて、外傷は全然ありませんでした。私はすぐに追いかけたのですが、おそらくショック死であろうという診断でした。

先ほどボートが波に打ち寄せられて岩に近づく絵を描いたケースについて話しましたが、この人は今も亡くなってはいないはずで、もう六十歳くらいでしょうか。ただ私と別れるとき「私は悲しみをもって焦りのかたまりとなって生きていきます」といって、私の転勤を見送ってくれました。

そういうこともあって私はケースをまとめることを怠るようになりました。私の症例報告は少なく、若い時に偏っています。ある神経性食思不振症の女性のケースも四回だけ載せましたが、それでもそのとき私の側も自分はどういう感じがしてどう思ったかということを書いていったら、四回でも与えられた枚数を超えてしまいました。実際は全体で一年以上の治療だったのですが、こうして振り返ってみますと、私は自分の主なケースについてほとんど書いていないですね。書くべきか書かざるべきかというのは大変難しい問題、答えのない問題だと思います。ですからおそらく一万枚を超える患者さんの絵も、ある病院に寄贈されていますが、そのかなりの部分は地震でカルテが失なわれていて、それから別の部分は東大分院が廃院になったときに破棄されています。まあ私は今の気持ちとしては、これでいいんだと思っております。

フロイトの「アンナ・O」というケースがありますが、これは非常に手に負えない患者として載っているわけです。しかし彼の手を離れてから一転、彼女はクロイツリンゲンというところに入院していましたが、人生の後半はユダヤ系の人を集めた女性解放運動のリーダーとして活躍し、戦後郵便切手の図案にもなっています。このケースと同じように、もう連絡が途絶えたからひょっとしたら生きていないんじゃないかと思うような人から、何年か経って、今皆さんの力で助けられて学校に行っておりますという便りが舞いこむこともあります。あるいは、これだけ強固な妄想があったら抜けられないだろうというケースからも、それが消えて元気だという手紙をもらうことがある。ただ、そういう方は自分から会おうとはされない。ある羞恥心が働くようです。たとえば、統合失調症関係で超高熱を発して亡くなるケースが昔はありました。そのケースの場合、私の頃はただ氷で冷やす、攻撃的な治療はしない。案外、こういうケースのほうが治りが最も良いんです。ステロイドホルモンを二回注射して一気に回復させたこともあります。ただそういうケースは私に感謝してくれるけれど、主治医を代えてほしいというんですね。どうしてかというと恥ずかしいからだと。あられもない姿を見せた羞恥心が患者さんにも働くということを、我々は知っておかねばならないと思います。

大変まとまらない話ですが、テープに起こしたら論文になるような話し方はだいたい面白くない。ということで、ちょうど一時間です。後半の鼎談に期待をつないでください。

一通の手紙

村瀬　中井先生、本当にありがとうございました。常日頃いかに肩の力を抜いて一生懸命尽くしていると思っていても、よく考えてみるとそれは相手のためというより、いつの間にか自分自身の力みをもって仕事をしているのではないかということに、先生のお話をうかがううちに思い到りました。ある意味で静かに痛烈な一撃を頂戴したように省みております。中井先生はかつて「自分は座敷に微風が吹いていて姿が見えない、そんなふうでありたい」とおっしゃいました。品位のある何気ないエピソードのようでありながら、相手の人がこころを癒されて緊張が緩み、少しでも楽になるときというのは、その相手をしている人がそういう状態だからだと感じます。

なお、この場をお借りして一九八四年頃のことで、いつか中井先生にお礼申し上げようと思っておりましたことをお話しいたします。実は私はずっと専業主婦として暮らそうと思っておりましたが、大正大学の教員になるよう、亡くなられた岡田敬蔵先生(注1)という著名な精神科医の方から突然ご連絡いただき、躊躇の末に着任いたしました。今でもたくさん課題がございますけれど、当時は臨床心理学が世に知られていない頃でした。カウンセリング研究所で組織や内容を充実させることなどについて、自分は何をすべきかと考えると、立ちはだかる壁があまりに大きく思えました。亡くなった主人の村瀬孝雄に、とても自分の力に余ることなので仕事は辞める、扶養家族にしてほしいと申しました。すると主人は「そういう力が十分ないことはわかるけれど、意欲に燃えて誠意を尽くして仕事をしようという若い方が活躍する場を、君が何も努力しないうちから投げ出して失くすのは失礼なことだから、三カ月だけ働いてみるように」と申しました。その頃、私は自分の胸中の不安や迷いを中井先生にひと言もお伝えしたことは致しておりませんでしたが、先生は本当に不思議な方で、「あなたのお役に何か立てればいいけれど」と一行お便りに書いてくださいました。私はそのとき中井先生の貴重なお時間やエネルギーをこのことに費やしてはいけないと思い、今日できる自分なりの精一杯のことをしていこうと考えたのです。その後は僥倖といいますか、時の流れと多くの方のお力添えで、課題のいくつかが形を見ましたけれど、辞めようと何度も思ったとき、あのお手紙にあったお言葉を思い出してきました。一九八四年ですから二十数年前のことですけれど、いつかお礼申し上げたいと思っておりました。本当に迷ったときに「でも、今日できることを」と思う勇気を与えてくださったのは、先生のお手紙の一行でございました。まことにありがとうございました。

中井　ちょっとびっくりしておりますが……。

村瀬　中井先生もきっと、お書きになったことを覚えていらっしゃらないと思うんです。後は滝川先生にお任せします……。

複数の偶然のめぐりあわせ

滝川　後は滝川にということですが、それはあまりにもったいないですよね？　中井先生と村瀬先生のやりとりをいろいろと聞きたい、どのようなものがここで生まれてくるのだろう、そういう期待をもって皆さんここに集まっておられると思います。中井先生だけではなく、村瀬先生にもたくさんお話しいただきたいと思っております。

私がここにこうしているのは、これはまったく偶然のめぐりあわせです。私は医学部卒業後何科の医者になるか迷ったのですけれど、友人に精神科医になれといわれて精神科の教室に入りました。ちょうどそのとき東京から中井先生が、私の入った名古屋市立大学精神科教室に助教授としていらっしゃいました。ところが私は、そもそも中井久夫というお名前もまったく知らなかったのです。

中井　私と一緒に仕事をするのはちょっとしんどかったかもしれませんけれど、ちょうどその頃は学園紛争で、東大が受験を一年やらなかった年の翌年かな？

滝川　ええ、そうでした。

中井　名古屋市立大学にその年に入ってきた人たちは個性的で優秀でした。私は当時の東大の精神科の教授に「東大が時々試験を止めてくださると日本の精神医学は良くなりますね」といったら「僕もそう思うよ」と憮然としておっしゃっていましたがね。まあそういうことで滝川先生がいらっしゃって、それで神経性食思不振症の男性の患者を何人か診ておりました。その年にあった雑誌、『精神療法研究』（岩崎学術出版社）も内容が良かったですね。

滝川　最初の仕事ですね。

中井　村瀬先生と私の関係は、私が中学から高校にかけて影響を受けた国語の本田義憲先生から、村瀬先生は奈良女子大で習っていらっしゃるんですね。私の考え方にはその本田義憲先生の影響があると思いますね。

村瀬　本田先生は国文学の講義で非常に高度な文法の解説をされておりました。ただ、国文学だからといって、外国語が嫌いだから国語を選ぶというセンスは駄目だとおっしゃっていました。当時、国文科に行く人は英語のほかにフランス語とドイツ語ができるのが基本条件でした。よくフランス語を使って講義をされていました。

中井　本田先生は奈良女子大に行かれる前、旧制甲南高校におられて、まだ二六歳か二七歳だったね。ちょうど九鬼周造の蔵書がすべて寄贈されていたので、その九鬼文庫で一緒にラテン語やギリシャ語の初歩を勉強しました。文法に興味をおもちでしたから、フランスの言語学者のソシュール(注2)やアントワーヌ・メイエ(注3)とかいう名前が出てきたと思います。先生のお父様が京大の印度哲学の教授で、ご本人は平安初期の仏教説話文学についての仕事、万葉集についての仕事があります。ですけど、印象に残っているのは人柄ですね。咳唾《がいだ》珠をなすというか。ものすごい遅刻をしてきたり、時間は非常に不規則な方だったと記憶していますが……。

村瀬　いいえ、もう鐘が鳴るやいなや定刻にいらっしゃって、時間いっぱい講義をなさって、普通の一回分の時間のなかに三回分くらい凝縮された内容があったと思います。

中井　八十歳になられて、我々のクラスがかつての講義を再現してほしいとお願いしたんですね。そうしたら出てこられてね、そして二六歳くらいのときのプリントをコピーして配られたのです。柳田国男の『海南小記』や島崎藤村の詩であるとか、そういうものをずっと保存してこられたようです。

村瀬　講義のために準備なさった資料の量は大変なものでございました。

ところで、はじめて中井先生に土居健郎ゼミでお目にかかったときのことを、ちょっと披露させていただきます。今ではあちこちにワークショップや研究会がございますけれど、あれは昭和四七（一九七二）年くらいのことでした。中井先生も小倉清先生（精神科医）

も皆様三十代でした。

中井　そうです、はじめて発表したんですね、そのとき。

村瀬　事例を報告する方が患者さんの絵を何枚か差し出して説明すると、中井先生は最初の一枚を見ただけで、その人が主治医あるいは治療者と次にやりとりするとこうなるだろうって想像されているのです。次いで、事例報告のなかで患者さんのロールシャッハの反応をお話しになると、中井先生は最初の部分を聞かれただけで、もう頭のなかで次の反応を予想されていらっしゃいます。ロールシャッハやＴＡＴはデータを採るのにも時間とエネルギーが要る、記録を終えて読み返してスコアリングをする、という大変なコストがかかるものですが、中井先生はそのプレゼンテーションが終わったときにすでにそのデータについて理解がまとまっていらっしゃいます。このスピードと的確さは……、と驚きました。

中井　私のロールシャッハの先生は細木照敏先生ですけれど、細木先生に習っていますと、この患者さんは反応数が多いかとか人間反応が出てくるかとか、それを患者さんと面接したときに予想させるんですね。それが外れてはじめて本当の勉強になるわけです。だいたいある集団で二十位くらいまでは平凡反応で、五十位くらいがその人の個性を表わしているといわれます。そして、五十位以下の反応が一番多い場合には病的だとされています。また藤岡喜愛先生は、日本では上位二十位は決まっているんだけれど、なぜかカンボジアから向こうの文化圏ではその順位は違ってくるということを研究していらっしゃいました。細木先生も私たちに対しては内容を重視されていて、プロトコルをよく見せてくださった。スキゾフレニアの場合、反応数が少ないでしょう？　ですから、ひとつの反応をどう取るかによって、すごくパーセンテージが動いてしまう。

村瀬　そうですね。

中井　それからスキゾフレニアからロールシャッハの実践に入った人と、一応正常といわれてきた人からロールシャッハの実践に入った人とでは、同じことをしていても解釈が全然違いますからね。

村瀬　やはり仕事をするときのスピードと、量をこなしながらポイントを外さないようにするにはどうしたらいいかということが課題だと思いますが、それが今日に至るまでの課題で、わからずじまいというところでございますけれど……。

中井　いや、あの頃は、やはり私としてはちょっと浅薄なところがあったと思うんですね。つまり謎解きみたいなものに傾いていたと思うんですよ。村瀬先生はおられなかったかもしれないけれど、土居ゼミで患者さんの絵を何十枚と貼って講演していたとき、名古屋に行くときには君の絢爛たるプレゼンテーションはみんなの前では抑えたほうがいいと、土居先生が非常に誉めながらおっしゃっていました。

村瀬　（笑）

中井　それで名古屋ではだいぶ抑えていたつもりなんですが。

滝川　私の場合、中井先生の下で学ばせていただくという、まったく偶然のしあわせがあって、「精神科医とは本来こうあるものなのだ」と思っていました。不思議と、「偉大な先生だから拳拳服膺しなくては」とか、あまりそういうふうには感じなかったんですね。ですから若気の至りで、中井先生にも色々失礼なことも話したりしていたのではないかと省みます。

中井　僕はスタッフを叱責することがあまりなかった気がします。あるケースの場合に少しけなしたことがありますが。ただ私がコメントした京大教育心理の人は、ちゃんとしたサイコロジストになるか結婚するか両方か、というジンクスがありましたね。

滝川　中井先生の診察に臨席するところから私の勉強は始まりました。そこで感じたのは、こういう世界なら自分にも理解ができて自分なりにやっていけそうという感覚で、とても安堵しました。というのも、「常識と社会通念とは違う」と中井先生がおっしゃっていらしたのをよく覚えていますが、その意味でのコモンセンス、常識をいかに働かせるか、常識を踏まえながら物事の本質をとらえていくかを、中井先生がなさっていらっしゃったからです。常識を踏まえてとらえた物事の本質とは、結局は患者さんの生きている姿とその生活のなかでの体験、今まさにどのような体験、苦しみ、困難を生きているかということです。臨席してそばで聞いていると、普通のやりとりのなかから、いつのまにかそれが立体的に見えてくることが、とても勉強になりました。

中井　当時助手だった人によれば、私はわかりやすいことをいっているらしい。たしかに私の話にはよく例えが出てきましたね。

滝川　そうでしたね。

中井　その後神戸に行ってから、ちょっと頭の固い人のために、いろはカルタを三種類くらいつくったこともありました。

村瀬　今のいろはカルタは、医学書院から出た先生の御本『こんなとき私はどうしてきたか』（中井、二〇〇七）に載っております。

滝川　あれは私が保存していたものです。カルタには生活の知恵と人間理解がたくさんあるけれど、でも面白いことにカルタって矛盾したことだらけですよね、こっちではああいう、あっちではああいう、というように。

中井　Aだといったのに対して、必ずしもそうではないという場合が出てくるところが良い。

滝川　つまり「かくあるべし」という法則や教条ではない。けれど、そこには私たちが生活していくうえで大事なヒント、あるいは人間とか生きるっていうのはこういうことだというのを納得させて、安心させて、肩の力を抜いてくれるところがあるんですよね。

精神医学と臨床心理学の接線──常識への疑義

滝川　臨床していて「これなら自分でも」と思ったわけですけれど、もちろん実際になかなかそうはいかないわけで、ただ中井先生の面接に臨席をしていると何かがくっきり浮かびあがってくる。目の前の患者さんが今どうなのかだけではなく、その患者さんの生きてきた歩みや歴史が浮かんできて、そのなかで全体の構造が見えてくる。どのような努力を払えばそれができるようになるのか、そのあたりをおうかがいできたら。

中井　それはむしろ患者さんのほうが考えていることですよね、繰り返し繰り返し。だからそういう波動や波長を選んで、ただ自然に話していればできることだと思います。ただ私は医者ですから、患者さんがドアを開けて着席するまでにいくつか病気を見つけることもあります。いつもより瞳孔が開いているから緑内障であるとか、そういうことがあって、身体治療を受けて体の病気が良くなったりすると、信頼感も変わってきます。それに相当するものが臨床心理では何にあたるのでしょうか。ドアを開けて招き入れるという一瞬の作法みたいなものでしょうか？　私は病院で働いてきましたが、今でもある程度カウンセリングには身についた作法が残っているかもしれないですね。

急性期というのはだいたい便秘なのですが、それが突然下痢に変わったりしたら、幻覚妄想状態は軽くなって山は越したのだということが、私といっしょに働いた精神科看護の世界では何十年か後でもまだ伝わっているそうです。そういう意味での活用例ということでいえば、やはり臨床心理と看護の世界と私との関係は良かった。だいたい病院の個室をデザインできるのは臨床心理ですから。医者には医局しかありませんが、臨床心理には、ほわっとしたやわらかい雰囲気の部屋があります。私も精神病理学の本は読みますが、しかし、屍の匂いがするという意味のネクロフェリックな匂いを感じて、あまり精神病理学者といわれるのは好みません。病的なものを強調しすぎるように感じて、それに対しては距離があります。

村瀬先生の面接を直接見たことはありませんが、私にないものとしてはやはり、ほわっとした品格のようなものですね。そして患者さんと一緒に食事をするとか食事を作るとか、ちょっと思い切ったことをなさるところもある。私は滝川君の論文が出たときに、なるほどと思って、神戸大学では患者さんの家族と一緒に食事をしたことがあるんですよ。ただ途中で困った事態になりました。お腹をこわしたんです。その母親は父親の浮気を知っているのに子供にいわない、いわないけれど怒りを感じているわけです。それが食卓に出てくるんでしょうね、僕もお父さんの位置にいるわけだから。一度で止めましたけどね。アノレキシアや恐怖症には、今でもそういう面があるんじゃないかと思いますよ。恐怖症の場合も絵を描きますと、第一段階は枯れ木なんですよ。第二段階になると木は緑になってくる。そして第三段階になると絵に興味もなくなるんです。その切れ目がおもしろい。つまりそこで何かが起こっている。それは薬を飲み忘れたり、ひょいと旅行に出かけたり、風邪を引いたり、さまざまなのです。これをまとめて良性のアクティング・アウトといっているのですが、そのようなシンプルな世界を私は生きてきました。

村瀬　シンプルであるということは、実はとても難しいことですね。私たちはやはり自分で何か頼りにするものがほしくて、あえて難しい言葉やテクニックを時に引いてくるわけですけれど、特別な関係ができて理解しあうこと以上に、出会ってこれと際だつことは何もなかったけれど気がついたら自分の力で一番つらいところをしのいでここにいる、というのが理想だと思います。ですから妙に技にとらわれないこと、そして先ほど先生がおっしゃった、病気はその人の生活の一部だということが、とても大事なことだと思います。病気があっても障害があっても人は生きていく、そういうことであると思います。

中井　要するに病識をもつというのが治癒や治療の目的であると医学部で習いますが、病識というのは何だかよくわからないものです。自分が非常につらいところを通り過ぎて少し楽になったということなら良いけれど、たとえば統合失調症になったとか認知症になったということに対して病識を持つことが有効かどうかは疑わしい。それは患者さんを精神医学に屈服させただけではないかと思います。その焦点外し、常識外しということに、私は努めていました。ですから、患者さんに統合失調症ですかと聞かれたら「そういうことにならないようにしよう」「それも視野に入れる必要あるかなあ」くらいしかいわないですね。それに診断というのは治療のための仮説であるという理解も大切です。仮説を立てないと先に進めないということもあるから難しいけれど、おもな先生を眺めていると、ちょっとルーズさが足りないと思うことがあります。

村瀬　底が浅くてシンプルなのは本当にただのシンプルですよね。けれど中井先生は大変な蓄積を元になさって、平易な言葉でしかも非常に簡潔にお話しになり、いろいろな技をまさしく必要最小限にさらっとお使いになるので、やはりシンプルにも質があると思います。たとえば中井先生が名古屋市立大学にいらっしゃる頃、『西欧精神医学背景史』（中井、一九九九）を書いていらして、そのとき一章ごとにゲラ刷りを送ってくださいました。名古屋市立大学にいらしてからあれを少しずつお書きになったのでした。一章ごと読ませていただいて、もちろん私はそれをどれくらい理解できたか、おぼつかないことですが、でもそれは周りの日常の生活と一見違うようでいながら、どこか通底するところがあると感じていました。せっかくいただいたものへのお礼のお便りを書く時に、こういう人が同じ銀河系に住んでいて同じ空気を吸っていらっしゃることに、畏敬の念でおののきつつ、感想を書きました。するとすぐ先生はお手紙を下さって、驚いたことにそこには、「具眼の士が何と言われるか畏れていましたが安心しました」と書かれていたのです。私が具眼の士などであろうはずもないことです。ですから、本来ですと、具眼の士がどんな感想を書くかなどというのは、嫌みか皮肉に思われるところですけど（笑）。でも、中井先生はご自身に厳しく、謙虚な方で、ご自身の書かれたものに安易に満足などなさらない、ご自身の思索の内容を相対化して見ていらっしゃる、そういうことが他者の感想を大切に受けとろうとされる姿勢とも関連するのであろうかと思ったのでした。中井先生は本当に謙虚な方だということを、土居ゼミでお話をなさる内容やお振る舞いから感じました。私は、先生のものすごく深く広い学識にはいくら努力しても及ばずとも、その姿勢は後塵を拝して見習っていきたいと思いました。それに校正を七回もなさると聞いて、それも驚きました。

中井　あの頃の私は、とくに東大出版会の『分裂病の精神病理』のシングルナンバーは訂正が多かったですね。あれは内容を凝縮して詰めたものです。あの頃はちょうど、皆が「研究というものは否定されるべきである」みたいなことをいっていて、これがもう何かを書く最後ではないかと思っていた頃で、誰かがそのうちこの意味を考えて後を継いでくれるかもしれないと期待して詰めこんであるものですから、非常にわかりにくいだろうと思います。あれを日本語に翻訳した人もいるんだそうですけど（笑）。

村瀬　ですから滝川先生がお傍にいらしてお感じになったように、私も一章ごとゲラ刷りを読ませていただきながら同じように考えておりました。そういうものの蓄積のなかで、中井先生は一瞬のうちに想像をめぐらされ、そこから本当にさりげない一言を発して、振る舞いも気負わない感じで患者さんの前にいらっしゃる――シンプルといってもそういうシンプルさで、底が浅いシンプルとは違うのだと思います。

中井　今日はしゃべりすぎたなとしょっちゅう感じています。今はもう臨床はほぼ止めているのですが、一応三年契約で二〇〇七年の春まで「兵庫県こころのケアセンター」の所長になっていました。ところが、そうなると三年以内にこのケースをある地点までもっていこうという山気《やまけ》が出ちゃうんですね。そうすると治療がホームランかとまがう大ファウルになってしまったりするんです。

ロゴスなき面接

滝川　もう時間が少なくなってきました。フロアの皆さんからいただいた質問を取り上げたいと思います。今回テーマでもある「面接」とは基本的に、患者さんの言葉に耳を傾け、こちらも患者さんに言葉を伝えるということで、言葉のやりとりが基本だといえるのか、という質問をいただきました。

中井　言葉の意味というのは面接のうち一〇%ですね。サリヴァンも音調、声の調子で治療しているといっています。それから非常に重要なのは面接の間隔です。医者は処方する薬が安全に飲める期間に応じて、明日来てくださいとか明後日来てくださいというようになるんですね。この間隔、スペーシングというのが非常に重要だと思います。私は最初はかなり頻繁に面接をします。そうすると次第に三カ月に一回とか六カ月に一回で良いようになります。

滝川　私たちが面接の方法を身につけようとすると、面接技法とか何々面接入門とか何々療法を勉強しますよね。その勉強の方法とは、どちらかというと言葉、ロゴスに頼る部分がほとんどで、ロゴスを通して面接の方法を学ぶことになります。スーパーヴィジョンも結局ロゴスを通して行なうものですね。ですが実際の面接のなかでは、言葉の意味内容は一〇％と、ロゴス的ではないところがとても大事なのですね。その感覚をどのようにして身につけることができるのでしょう。

中井　そうですね、第一回の面接では混乱していることもあるかもしれませんが、一回の面接にはなるべく一つの主題でしょうね。ひとつのテーマを選ぶということ、それから治療者が使えるチャンネルを選ぶことですね。これについては、境界例といわれている人たちは、テレビのチャンネルを次々に変えるように、パーソナリティを変えることによって治療者を試しているときもあると思います。私はそういう場合には、患者さんが話題を変えていくのわざと無視して、でも前の話を守るんです。それが治療的なことだと思うのです。やがて彼なり彼女が、私の独り言のように思える最初の主題に戻ってきます。その意味で、一時間の面接ならば、最初一〇分のイントロダクションで組み立て、最後の一〇分は次の約束ですから、実際の中身は四〇分ということになります。四〇分ということは実質二〇分くらいでしょうか。面接の第一回か第二回には、その後に出てくるテーマがばらばらと出てきたりすることもあります。三－四回目くらいが山場となって、火花が散るようなプレイセラピーになります。七回目ぐらいが、いわば踊り場で、ひと休みという感じになります。甲南大学でプレイセラピーの事例検討をしていました。大学院生にどうして今提出するのかときくと、「治療が行きづまった」というのですが、よくきいていると、二－四回目くらいの大仕事を経て自然にまとまってきたのでした。治療はいつも前進しているのではなくて、起承転結があるものだと考えております。

滝川　あっという間に時間になりました。今日は貴重なお話をありがとうございました。

村瀬　今日は東京までおいでくださいまして、余韻のいつまでも残る貴重なお話を賜りまして、本当にありがとうございました。

注

(1) 岡田敬蔵（一九一六－一九九九）……精神科医。都立梅丘病院院長、都立松沢病院院長、東京都精神医学総合研究所初代所長を歴任後、大正大学カウンセリング研究所所長就任。早くからチーム医療の必要性を説いた。

(2) フェルディナン・ド・ソシュール（Ferdinand de Saussure）……スイスの言語学者。インド・ヨーロッパ語の研究から旧来の通時言語学に対して共時言語学を提唱し、構造主義の成立に貢献。著書に『一般言語学講義』がある。

(3) アントワーヌ・メイエ（Antoine Meillet）……フランスの言語学者。ソシュールに影響を受け、アルメニア語を研究する。著名な弟子に言語学者エミール・パンヴェストなどがいる。

文　献

中井久夫（一九九九）西欧精神医学背景史、みすず書房
中井久夫（二〇〇七）こんなとき私はどうしてきたか、医学書院

第五章　統合的アプローチと思春期臨床

村瀬嘉代子（北翔大学）
青 木 省 三（川崎医科大学）

迷いながら書くこと・疑いながら聞くこと

青木　皆さんはじめまして、川崎医科大学精神科の青木と申します。私はいつもその場に来ないと事態の意味がよくわからないことが多くて、今日はお茶を飲みながら話をするような席ではないかと思っていました。こんなふうに高い席から話すということでちょっと戸惑っております。

何から話すべきか迷いますが、最近気付いたことがありますので、そのことを少し話して今日の話をはじめたいと思います。

実は私の大学でも授業評価を学生さんに受けています。学生さんに点数を付けてもらうわけです。あまり誇るべきことではありませんが、前年と比べて私の今年の評価がすごく上がったんですね。同じことを話しているのになぜ上がったのかと考えましたが、答えは非常に簡単でした。先生の話は前に進まないからスライドを使うように、それもパワーポイントだったら引っ張られるように前に行く、そして話が一気に最後まで行くから学生も納得する、と若い先生、それも長年の同僚に説得されたからです。自分が変わらないのに点数が上がることが不思議でしたが、パワーポイントを使うことの大きな欠点に気づいてから、私のこの五点はかりそめの五点だと気づきました。というのも、パワーポイントを使ったり数字にして表わしたりすると、物事が本当らしく思えるからです。学生も授業評価に「よくわかった」などと書いてくれるのですが、書いている私は「言い切ってよいだろうか」などと迷いながら書いているところもあります。迷いながら書いていることも、文字になったときに本当に思えることがあるので、パワーポイントは怖い……と思いながら、それでも今日もパワーポイントを使うことにしました。

私の話のはじめは話の終わりにもつながっていくのですが、人の話は信じずに疑って聞いたほうが良いということです。特に理路整然とした話はだいたい眉唾ものが多いですし、輪郭が明快なものに限らず、とにかく自分の耳に入るものは疑いながら聞いていただきたい。ですから今日も、私の話を疑いながら聞いていただきたいと思っています。

私自身は何か子どもとか思春期とか、あるいは大人でもそうですが、問題や病理と呼ばれるものだけを切り取らないで、時代や社会という背景のなかにあるものとして見ないといけないと基本的には思っています。たとえば境界性パーソナリティ障害のことがある時期さかんに言われましたが、これは第二次世界大戦後の高度成長期という社会背景が関係しています。この十年来、広汎性発達障害が注目され、有病率も高くなってきていますが、社会の高度な発展の結果として複雑な対人関係への対処力が求められる社会になり、常識も多様化しているということなどが、この発達障害をよりクローズアップさせてきたのではないかと考えています。子どもたちや成人のなかで病理的に見えるものがはっきりしてくるときには、もちろん家族関係なども影響するわけですが、いわば大きな時代や文化というものが影響を与えているように思います。私たちはどんな時代に生きているのだろうかと問いかけ、あるものが大きく浮かび上がってくるときの大きな背景、すなわち、ひとつの時代をもとに理解していく視点を忘れてはならないと思います。また私は、病理的なものと「健康」なものが連続しているという視点、病理的な問題をもっている危機的な若者と自分は連続しているという視点も、大切にしたいと考えています。

精神療法への異論と自戒

青木　私は青年期の臨床をするなかで、精神療法と薬物療法についていくつか疑問を抱いてきました。まず最初に、内省的、洞察指向的な個人療法を行うときに、一対一での対応には限界があると思うようになりました。もちろん一対一で解決する場合もあると思うのですけど、一対一の限界もある。私自身が臨床をはじめた頃の経験として、一対一の場面では治療関係がうまくいっている、あるいは治療が非常に進展しているように見えて、一年二年経ったとき、その子どもの現実の生活や対人関係がほとんど広がっていない、という場合があるのを経験しました。その子の現実のなかでの重要な他者が、家族を除いたら私とか病院のスタッフしかいなくなったとき、この一対一の個人療法は本当に良いものだろうかと反省するようになりました。それ以降、一対一だけではなく、もう少し新しい環境や治療者以外の人とつないでいく試みなど、何か広がりをもった経験をしていくことが必要だと考えるようになりました。

個人療法で一生懸命話を聞いているとクライエントの話す力が伸びることもありますが、

逆に聞く力が伸びないこともあります。しかし、人の話を聞けずに自分のことばかり話す人になってしまうことは問題であり、対話のなかで人の話を聞く力を付けるにはどうしたらいいんだろう、というようなことも考えるようになりました。

昨今注目されている認知行動療法についても、私は同じような疑問をもっています。たとえば、認知行動療法が進んでいるときはクライエントの能動性やモチベーションがうまく発揮されることもありますが、それは、私たちにとっての良い患者・良いクライエントになることを求めたり、過剰適応のようなものを求めてしまっているのではないか、それがどこかでクライエントの負担となり、無理にさせられているという被害体験、「させられ体験」になるのではないか、認知行動療法は治療の強力な刃のようなもので、それ以前に考えなければいけないことがあるのではないか、といつも思っています。背景にある全体の大きな文脈から精神療法を切り取ってはいけないのではないかと考えているのです。

薬物療法を青年期に行うときでも、短期的にはプラスでも長期的にはマイナスというところに気をつけなければならないのは、精神療法と一緒です。たとえば抗うつ薬や抗不安薬を投与したら、当面不安は一時しのぎでも少し楽になります。でも、ふたたび不安になったときに薬が増え、また少し楽になる、でもまた負担が出てきて、気がついてみると薬に心理的に依存的となっていたり、自分が薬を出していた人があるとき大量服薬をして救急外来に夜間運びこまれるというようなことがある。そのようなことを何度か経験するうちに、自分が薬を出すことの意味とは何なのだろうか、と考えるようになりました。本来苦痛を軽減する働きだと思っていたことが最終的に心理的な依存や大量服薬に結びつくのであれば、やはり薬を出すことにもっと慎重にならなければいけないと自戒するようになりました。逆にまた、薬を飲んでいると病人みたいな気持ちになってきますし、薬を飲むということは続けて病院に通うということですから、薬がなくなると病院にまたもらいに行くというように、病院に行くことが日常生活に組みこまれていきます。それを繰り返しているうちに、病気らしくなっていく青年に出会うことも稀ではありません。自分の外来に来てもらうことがこの青年を病気にしているのではないかと思うことがあったのです。私が医者になって数年のときに非常に反省したことでもありました。本当に来てもらわなきゃいけない人は仕方がありませんが、来ることによって病気になる人もあるという認識は、心理療法でも同じだと思います。心理療法を受けることによってクライエントになっていく、病的なものが花開いていくこともあるわけですから、私たちは自分自身が青年にいろいろな不安定なものをつくっているのではないかという意識を、やはりどこかでもつ必要があるように思います。

障害を見つけること・可能性を見つめること

青木　もうひとつの反省は診断に関わることで、たとえば病名を告げるときに、パーソナリティ障害や統合失調症、アスペルガー障害や広汎性発達障害など、診断名を積極的にきちんと伝えていくことが大切だとする傾向が強いわけですけれど、そんなふうに簡単に伝えて良いのだろうかという思いがあります。もちろん乳幼児早期の療育が必要な発達障害の人たちにきちんと伝えることは欠かせないことですが、思春期・成人期に発達障害が顕在化してきた人、さまざまな人生経験を経るなかで個性なのか障害なのかわからなくなっている人を、簡単に診断をして良いのでしょうか。私は病気とするか個性とするかという二者択一のスタンスを採りませんが、たとえばこの人に必要なのは治療なのか社会的援助なのかあるいは両方か、医療なのか福祉的・教育的手法なのかあるいは両方か、病気と伝えるのか個性として認識するのか、という判断は難しいものです。少なくともアスペルガー障害や広汎性発達障害はすぐに一律に伝えるというものではないはずです。診断した結果、その人の障害とも個性とも言えるものがどのような結果をもたらすのか、その人の人生はどのような軌跡を描いていくのかを予測していくことが大事だと思うんですね。もちろん診断することによって本人が少しほっとし、家族もゆとりを取り戻し、その人なりの人生を生きていく道を描いていけるというような診断には治療的な意味があります。ですが逆にある診断をもったことで混乱し、病気だという意識を捨てきれず、自分の力を超えたものに振り回され、自分の力が届かない思いのなかで悶々として将来を切り開けなくなる場合もなくはない。私たちは病名を伝えるときに、その説明や告知がどのような結果になるのかと想像することが大切です。

　時間の経過とともに障害を見つける目は研ぎ澄まされていくものですが、子どもの良いところも欠点も含めた全体を見る目、得意なところや好きなものを見つける目は、なかなか身に付かないものです。診断と同時に良いところが伸びていく可能性を見つける力も磨かなければ、意味がないわけです。そうでなければ、症状をアセスメントすることは、単なるラベル貼りというマイナスのものに終わる可能性があります。ですから私は、少なくとも不用意に病気にせずに援助できないものかと考えてきました。そういうものが、社会の懐の深さというものではないでしょうか。診断が広がれば広がるほど、病気の人とあまりバリエーションのない「健康」な人だけの奇妙な世界になっていきます。いろいろな人が生きている多様な世界とは、できるだけ人を病気にしないような世界のことだと思っているのです。

「思春期危機」という古くて新しい言葉

青木　一九八〇年のアメリカのＤＳＭ－Ⅲが出る以前には、診断としても「思春期危機」という言葉が使われていました。危機という言葉には、人には誰でも危機の状態を経験することがあるという、連続性というものがありました。いわば、「健康」な自分との連続性、あるいは「健康」な青年との連続性。そして危機には、誰でも厳しい時期を過ごすことで初めて成長したりするという肯定的な意味があったり、あるいはいつかは過ぎていく一過性というイメージがあります。ある青年の苦しみに自分との連続性を見つけ、肯定的な位置を与え、一過性のものととらえていくという視点は重要です。思春期・青年期という時期のなかで子どもは変わっていくわけですから、特定の固定したイメージではなく子どもをとらえるという意味で、思春期危機という言葉はなかなか捨て難いものがあります。

たしかに一九七〇、八〇年代は思春期が危機的であることがなじむ時代でした。しかし同時に、普通の人が生きること自体が危機的でもあったのだと私は思うんですね。働かなければ食べていけないということはごく当たり前にあったわけですし、少しでも良い生活条件を整えるために一生懸命競争しました。人生少しでも手を抜くとどうにもならなくなってしまうという危機感の延長上に、青年期危機もあったのだろうと思います。

ですが現代の危機は、社会的な豊かさが先にあって、生きる意味が見いだせないとか、目標が見つけられないとか、自分が何をしたいのかわからないというような、何か光が見えないまま暗闇を進み、何が危機なのかよく見えない危機、真綿で首を絞められるような危機に変容しているために、危機という言葉がなじまなくなっています。ただ、みなさんがそういう人を援助する世界に一歩足を踏みいれれば、今生きている人たちが支えの薄いところで生きていて、家族の一人が病気になったり事故に遭ったりすると、あっという間に一見幸せそうに見える家族が経済的にも心理的にも危機的状態に追いこまれることが、今も現実としてあるとわかるはずです。

適正なコミュニケーションによる相互理解

青木　今日は三人くらい、ちょっと思い出深い人の話をします。

高校生のA君は、腹痛のために外来にやってきました。毎朝学校に行くときにお腹が痛くなるA君は、瀬戸内海の島に住んでいる高校生でした。瀬戸内海にはたくさんの島があり、島から船に乗って本土の高校に進学する人もいます。A君も船に乗ってきていたのですが、朝高校に行くときに途中でお腹が痛くなる。彼と話をしていてしばらくしたときに「お腹痛くなるってどんな感じ？　どんなときでも？　波止場で痛くなる？」と聞くと、「船が着いたら痛くなる」と応えました。「ああそうか、じゃあ船に乗っているときは楽しいのね？　船で島の友達と話をしているんだね？」と聞いたら、「いえ、僕は喫煙席に座っているから」と応えました。僕は聞き間違えたのだと思って「禁煙席だよね」と聞き、「いや喫煙席なんです」と応える、というやりとりが三回くらいありました。自分だけ喫煙席に座っているので話せないということですから、「どうして？」と聞いたら、「お父さんと一緒にずっとそこに座ってきたから、僕は喫煙席に座るんです」と話しました。A君は喫煙席にすわっていると安心できるようでした。友達とのコミュニケーションで困っているのではないかと思い「友達の話はどのくらいわかる？」と聞いたら、「四〇％くらい」と応えるので、「みんなの冗談はどのくらいわかる？　どのくらいおもしろいと思える？」と聞いたら、「五〇％くらい」と応える、という感じでした。そこで早速A君とお父さんの許可を得て学校に連絡を取って、担任の先生にいくらか状況を話し、少しA君の置かれている状況を改善するようにしました。そしてA君に通訳してくれる友達を一人つくってくれるように話しました。そうすると本当にあっという間に症状は良くなって、普通に登校するようになっていきました。教室の中で皆が笑ったり、話したりしていることを友達に説明してもらったのがよかったようです。

その時、私は考えました。十年くらい前までなら、多くの子どもがその島に育ち、中学校を卒業後、島の工場に勤務していくという道筋が決まっていて、A君もこのような症状は呈さなかっただろう。まじめで純朴な青年として普通に人生を終えていただろうなと素朴に思いました。そして、この子がこういう腹痛を呈さざるをえなくなり、私の前に相談に来るようにしているものは一体何なのかと思いました。もちろん、A君の障害という面もあるのかもしれないけれど、A君が十年前に生まれていれば……と思うと、私たちは時代や文化のなかで生みだされたものを障害と呼んでいるところもあるのではないかと、改めて考えさせられたのです。

思春期・成人期の診療をしていても発達障害から無縁ではなく、たとえ発達障害であろうとなかろうと、言葉のやりとりが大切と思うようになったのです。相手とのやりとりのなかで言葉がどれだけ成立しているのか、自分が話していることを相手がどのくらい理解しているのか、相手が話していることを自分がどのくらい理解しているのか。つまり言葉上のやりとりがどのくらい正確に行なわれて、自分たちが言葉を共有できているのかということに対して、思春期や成人期を専門とする精神科医もセンシティブにならないといけない。そういう方向から、たとえば境界性パーソナリティ障害の治療とは何かと改めて見なおしてみると、きちんとした言葉のやりとりをしないために、ますます混乱し、ますます境界性パーソナリティ障害らしくなる例が少なくないように思います。私たちはもっと正確なコミュニケーションができているかどうかにセンシティブにならなければいけないと、臨床から改めて学びました。その意味で、自分の発する言葉を簡潔で平易にし、誤解のない態度を取り、自分の理解とクライエントの理解を照合し、そして互いの言葉を共通する確かなものにしていくことが、一般臨床においても大切だと思っています。

それからもうひとつ、常識のずれということも大切でしょう。優等生の子どもが中学生くらいになって孤立することがありますが、その背景に、たとえば自分のルールを変えられないという理由があったとします。自己中心的でわがままな子どもだとか、他人の気持ちが読めない子どもに対しては、自分のルールや行動の規範と他人のものとがどのくらい違うのかを、臨床家としては意識して伝えなければいけない。自分とは異なったルールがあることを知るのは当然ですけれど、発達障害であろうとなかろうと、私たちは多様な常識の世界に生きているわけですから、ある人の常識や考え方はどういうものなのか、もっとそれに敏感にならなければいけないと思うようになりました。

青年が変わる瞬間と生活の質

青木　そもそも臨床をするときには、子どもたちの生活、生きている現実を見ていかなければいけません。

ここでは、Ｂ君の例を出したいと思います。Ｂ君は高校一年生のときから不登校で、引きこもった生活のなかで暴力を振るっていました。親の相談から始まって本人が来院して語るには、学校にも外にも行かない生活でずっとゲームをしているとのことでした。ですが、なぜかわからないけれど、親と一緒に外来にだけは来ていました。Ｂ君がやってくることはプラスなのかマイナスなのかと思っていましたが、ぶらぶらしている生活の保証人としての役割を私に求めているように思ったので、そうなることに決めました。Ｂ君は絶対学校に行かないで親の脛を死ぬまで齧ると言っていたのですが、近所の左官屋のおじさんから、「若い相方が病気になった。おまえのところの子どもは家でぶらぶらしているから手伝ってくれないか」と頼まれた。アルバイトもしないと言っていたのですが、あの人は昔小遣いをくれたことがあるとか言って、ついに仕事を始めました。

B君がどうなったのか簡単に言いますと、最初は下にいて何かをこねて上に上げて、近所のおじさんが壁に塗るのを手伝っていたわけですけれど、だんだん上達してきて一カ月経ったときには四、五万円くらいのお金を日当で稼ぐようになりました。初めて稼いだことで本人はうれしくて、私の前でも自慢していたので、「それどうするの?」と聞くと、もっと貯めて何か買いたいものがあると言いました。そのとき、稼ぐということはやっぱりすごいなと思いました。表情がぐっと変わった感じがしましたからね。それから二、三カ月して外来にやってきたときに、ふっとこんなことを言いました――「先生、朝から晩まで働いたら、帰ったときのビールがうまいな」。本来は高校生の年代ですから「ビールがうまいな」と言って「うん、そうだね」とは言えなかったのですが、「そんなにおいしいか?」とは言いました(笑)。そして、体を使うということは良いことだな、と思って話を聞いていました。それから数カ月経って、家ができあがったわけですね。みんなで力を合わせて家ができたと、家ができるってすごいな、としみじみとした感じで話したのが印象的でした。そして、こういう物を造る仕事がしたいと言いだしたのです。紆余曲折は省きますが、B君は通信制の高校に入りなおし、二級建築士の資格を取って働き始めました。その間数年の時間はかかるのですが、物を造りたい、人の役に立ちたい、人に喜んでもらいたいという感じがB君にあったのだろうと思いました。

青年が変わるとは何かと考えるとき、何かふっとした偶然のなかで、やむをえず体を使って稼いだり、物を造ったりするなかで変わっていくのを感じることがあります。予想外の経験が青年を変えると思うのです。

B君のような事例のときには、青年の気持ちや考えやこころを丁寧に聞くということも大事だけれど、現実の生活を丁寧に聞くことがとても大事だと思います。日常生活について、たとえば私は、手足を伸ばして寝ているかといつも聞いています。これは私が二年目、三年目の医師になって精神科病院に勤務したときの経験からきています。長期の患者さんの中には退院するように手を尽くしたけれども、それでも退院できない人がたくさんおられて、非常に無力感に駆られていたときに、この人たちが病院のなかで生きざるをえないとしたら、気持ち良く病院のなかで過ごせるよう応援することが大事ではないかと思うようになりました。そこで寝ている姿をずっと見ていると、あまり身体の力を抜いて楽に寝ている人がいないない、いつも力を入れていたり棒のように寝ていたり、首が枕から本当に数センチ離れている人もいて、気持ち良く寝られるのは本当に大事なことだと思ったのです。手足を伸ばして寝ているかということは、とくに引きこもっている人や不登校の子どもたちにも尋ねます。それから、よく笑うかどうかも大事なことだと思っていて、家のなかで少し笑うようなことがあるかとか、楽しいことがあるかどうか聞くようにしています。家族の方に、どのようなところに注意したらいいでしょうか、と言われたときに、口数が減らないかどうか、しっかり寝ているかどうか、笑いが減らないかどうか、を確かめるようアドバイスしています。生活のなかに笑いがあるかどうかは、症状が強まるか弱まるかよりも、生活の質として大事なことではないかと思います。生活の質が良くなると、症状が弱まって消えることもあるし、症状があっても生活を楽しんでいけるようになるのではないかと思ったりしています。

青年への援助のかたち

青木　最後の症例です。C君は十七歳で、刃物で人を刺してしまう、とくに身内を刺してしまうのではないかという強迫観念に苦しんでいるのに、あまり内容を詳しく語らない方でした。それが、あるときからバッティングセンターのアルバイトを始めて、店を閉じた後に自分も打たせてもらうのが、すごくうれしかったようです。ボールを思い切り打つのがスカッとしてとても気持ちが良かったようですが、しだいに上手になって草野球のチームに誘われるようになりました。やがて試合の後に仲間たちと一緒に食事に行くようになって、「おまえ、うまいな」と言われるようになって、今度は指導するようになって、最後に気がついてみると、強迫観念というものから縁遠くなっていたというようなことがありました。C君もお金を稼いだり身体を動かしたり仲間と遊んだりして回復していったのですが、人間ってものを壊したくなることがあるもので、時々健康的に壊す機会は大事だなあと思うのです。C君は好きなことと実益を兼ねた良いアルバイトを選んだと感心したものです。

　外来にやってくる青年を診ていると、少ない人生経験をもとに自分の将来を悲観的かつ否定的に結論づけやすいように思います。人生経験という素材が少ないのが、成人の精神療法と一番違うところでしょう。青年の思い込みを変えるのは百の言葉よりも一の体験みたいなところがあるのではないでしょうか。その意味では、偶然でも意図的でも良いのですが、何らかの良い体験を青年の治療や援助に組みこむことが大切なように思います。しかしこれは言うことは簡単ですが、行うことはなかなか困難なものです。こんなことってみんな言っているんですよね。ですから私は少し工夫をして、街を見てみようとか、学校を見てみようとか、アルバイトするんだったら喫茶店でコーヒーを飲んでみようとかいって、まずは実地調査などを勧めます。インターネットに情報は載っているけれど、雰囲気というのは行ってみないとわかりませんから。

困っている原因がはっきりしていれば、一緒に「どうしたら良いだろう」と診察室で作戦会議を開く。作戦会議を開けるようになると、子どもたちに自分の目標とすることも変えようとすることが見えてきますので、ちょっと調査しよう、調査結果を報告してくださいというふうに、自分の置かれている状況や現実を客観的に見るスタンスが出てきます。これもまた、自分の巻きこまれている、どうにもならないような状況を少し変える方法だと思います。外に出ていろいろな風景を見るなかで、子どもたちの考えも少し変わります。

一対一の心理療法のなかで外の風景や出来事を一緒に眺め、作戦を立てることができれば、と思うのです。

また、居場所をつくる試みは村瀬先生がずっと昔からなさっていることでもありますし、私たちも同じようなことを大学病院で試みたことがあります。居場所とは、診察室の延長でもあり、現実社会の一部でもあり、あるいは守られているけれど大人の目が届かない場所でもありますが、思春期の援助の場合には欠かせないものだと思います。そのためには、仕事や資格など形のあるものを大切にしなければいけません。ただ、仕事は大事ですけれど、たとえば統合失調症の人が仕事に一生懸命になればなるほど再発の危険が高まることもありますし、青年が仕事をしなければ人間として価値がないという発想になることも、青年を追いつめてしまうことがあるのではないかと思っています。

それから、親への支援ですが、当然ですが、どうしても巻きこまれているのが親ですから、目の前のことをどうしようかということが先に立ちます。ですが、相談にのる人間は少し長いスパンで中長期的な視点で問題を考え、助言することが大切なように思います。虐待などの場合は除きますが、過度に自責的になっているところを和らげ、親がゆとりを取り戻して子どもとの接触時間を減らす、ということも場合によっては大事なことになると思います。そして周囲の大人が、青年の世界を脅かさずに「心配しているよ」というサインを送り続けることも大事です。引きこもっている人の家庭訪問も、空振りで良いから必ずきちんと行くことが大切です。それだけでメッセージを伝えているのですから。家族以外に自分を心配してくれる人がいることは、実は子どもにとって大事なことだと思います。私たちは、粘り強くそういうサインを送りつづける必要があるのではないでしょうか。そのなかで初めてふとした機会に、そのサインを子どもたちがつかまえることもあるのではないでしょうか。

統合的アプローチと思春期臨床

青木　村瀬先生がずっと実践なさってきた統合的アプローチと思春期との関連についてですが、村瀬先生の統合的アプローチについて私なりに考えていることをお話しして終わりにしたいと思います。村瀬先生から学んだことは、第一に、目の前の人をしっかり見て、自分の考えや感覚を総動員して一生懸命考えることです。第二に、人や本などからしっかり勉強をすることです。この一番目だけにすがっていると独り善がりになってしまいますから、人や本などでもしっかり勉強するんだけれど、第三に、人の考えを鵜呑みにせずに、いつも疑問をもつことが大切です。今日最初に言ったように、僕が今日話したこともすべて本当だろうかと思っていただいたら良いわけで、いつも本当だろうかと思いながら人の話を聞き、そのうえで自分の頭で考える。人や本で勉強したことはいつも自分の言葉に翻訳してみる。そのうえで目の前の人に、自分のできることから、自分のやりやすいものからはじめていく。そして目の前の人が少しでも生きやすくなることを優先するというのが、私の頭を通して私の言葉になった村瀬先生の統合的アプローチです。きっとオリジナルよりも質が落ち劣化・変容している可能性が高いと思いますけれど、そんなふうに考えています。こういうプロセスを繰り返すということが臨床で、決してへこたれないというのが臨床において大事なことだと思っています。

生の全体を見透す立体的視点

村瀬　一つひとつの言葉が平易でありながら的確に、そこで指し示そうとするある実体を描きだす、達意な美しい誰にでもわかるような表現でありながら、しかも内容は非常にレベルの高い臨床のエッセンスをお話しいただきました。本当はここで余韻を楽しむほうが良いと思うのですけれど、せっかくの機会でございますので、容易にまねできない先生の臨床を成り立たしめている要素は何かというようなことをお尋ねしてみたいと思います。

青木　口頭試問を受けるみたいですね。

村瀬　まあ、何をおっしゃいますか（笑）。たとえば今日お話しくださった三人の事例の人について、先生は本当に隣に住んでいる、まあちょっと強迫的でアグレッシブなところがある青年とも聞こえるようにお話しになりましたが、でもこれは病名を付けたら実は相当に重篤な状態の人でいらっしゃるはずです。それでいながら、その人たちを診るときに「痘痕《あばた》もえくぼ」という感じで良いところだけを見て問題を見落とすのでは決してありません。それぞれの方が生きやすさを獲得されて状態は良くなっているわけですけれど、それはやはり先生が非常に短い時間にその人の全体像を的確に理解なさるからだと思いました。先生の頭の回路を想像してのことですが、たとえば先生のある種のアナリティックな考え方というのは、論理的な整合性が非常に鮮やかでございますけれど、思考のプロセスが前もって決まっていらっしゃいますよね。そして、それに従って人の話もそれとなくさりげなく自然に聞きだしていって、自分のなかにストーリーを再構成していく回路ができているると思うのですが、そこまではよろしいでしょうか？

青木　はい。

村瀬　それで先生は、昨今流行っておりますナラティヴとはどういうことかを咀嚼していらっしゃりながら、でもあくまでもその人のそのときのちょっとした仕種《しぐさ》、あるいはその人がなぜそのフレーズを選んで話したかという目前の現象から考えていらっしゃいます。ここから聞いたら必ずここにいかないといけない、という思考ではなく、突如として与えられた点がその人を形づくる宇宙の要素のどこに位置するのか考え、あたかも立体的なパズルのように構築されています。つまり平面ではなく立体のパズルのように物事を考えていらっしゃるのかなと思ったのですが、いかがでしょうか？

青木　村瀬先生に全部説明していただいたという感じなのですが（笑）、症状を成り立たせているものが平面だとすれば、同時にそこには奥行きもあるように思います。症状やちょっとしたサインの後ろには、それを成り立たせる奥行きや幅や時間や空間があって、症状の周囲を囲んでいるもの、今その人が置かれている状況や全体はどうなっているのかということを、頭のなかで描いていこうとしているように思います。

村瀬　そうですね。ですから、普通写真を撮るときはある一点に焦点を合わせようとします。すると焦点はひとつですけれど、臨床のときの頭の使い方や感じ方というものは、今まさにその人が表わそうとしている近距離に焦点を当てながら、しかし、時間的な文脈のなかでそれがどこに位置していて、その人の人生とどこでつながるのかということにも着目します。普通カメラで写す瞬間にそのような二つの焦点を同時にもつことはありませんが、逆に臨床のときは、焦点がひとつだけに絞られていないことが大事だと思います。

青木　最初は誰でも困っているところを聞いたり見たりして、そこに焦点が当たるわけですけれど、そのうち、それを成り立たせている生活やその周縁のもの、あるいはその人が普段生きている時間や生きてきた歴史など、徐々にその人の症状を取り囲んでいる「今」

を立体的な全体として見ていくようになります。同時に、症状があるかどうかにかかわらず、少しでもその人の生きている一日が楽で気持ちが良く、昨日より今日のほうが良かったと思えるようになるにはどうしたらいいかと考えだすと、症状よりも周辺に大事なことが隠されていることが多くて、先生がおっしゃったように多焦点というのでしょうか、おそらくそうしなければ臨床は成り立たないのだと思います。

村瀬　今おっしゃったことは、私は臨床の一番の要諦ではないかと思うのですけれど、そうして多焦点で見ていると、一番目立つ症状や破壊的行動に関心を奪われることなく、とりあえず周辺のあるところに着手すれば何かが動くというポイントが見つかりやすくなります。先生のアプローチはそこがとても大事なところだと、お話をうかがっていて思いました。

青木　そう言っていただけると本当にうれしいのですが、症状は見つづければ見つづけるほどくっきりし、時に症状がコミュニケーション手段になることもあります。やはり症状だけではなく、その人の生活や楽しみなど生活の端々に目が向くようになることが大切だと思いますし、まあ治療ってそんなことじゃないかなと思っております。

「こころ」と「からだ」

村瀬　本当はすべての治療者の方が今先生がおっしゃったように思っていてくだされば、妙な楽観主義ではなく現実性のある希望をもてるのだと思います。

また、もうひとつお話をうかがっていて大事だと思ったことがあります。普通、考えることは患者やクライエントにとっても大切なことで、自分や自分にまつわることを考え、そこで気づきがあるものです。そして気づきや洞察の結果として、その人の行動は変わっていく。一般に、そういう気づきや発見がなければ、その人はより質の良い行動が取れないという考え方がありますよね。ですが、先生の今日の事例や青年期の人に関わるポイントは、人はどれほど重篤な状態でも着手できるところから生きやすくなるということ、本当に些細なことでもそれに取りかかる行動によって気づきや洞察が生まれるということです。気づいて、洞察が生まれて、次に良い行動が生まれる、と固定的に考えていると、かえって症状を中心に堂々巡りが起きてしまうのではないかということを、言外の大切な治療の要諦としてお話しくださったと受け取ったのですけれど、この理解は正しいでしょうか？

青木　はい、先生がおっしゃるとおりで、もちろん気づいて行動が変わる子どもたちもいると思いますが、どうにもならない頭のなかの堂々巡りに苦しんでいる子どもたちも多く、何かふとした体験や偶然の出来事で変わることが実際には多いと思うんですね。そのためには、偶然を待つという作戦もないわけではありませんが、できるだけ自分たちで工夫して着手できるもの、一緒に作戦を立てて行動をする必要があります。そうした経験のなかで、気づくことと行動はいつも相互に働きあう関係ではないかと思うようになりました。

村瀬　成長途上の人への臨床では、思考と行動と自分の実在している肉体が連動するような感じで話を聞いたり話したりすることがとても大事だと、お話を聞いていて思いました。たとえば、児童精神科医の小倉清先生は「児童精神科医は体力だ」とおっしゃって、七十歳近くまでノックを一日に百本しているとおっしゃっていました。青木先生はスポーツはなさらないそうですけれど、人間が「自分の体を感じる」という表現が、今日の基本の考え方の説明にも事例のなかにもあったと思います。

青木　そうですね。子どもたちが自分の身体感覚を研ぎ澄ますこと、子どもたちと一緒に治療者が身体を動かすことも、本当に意味があることだと思います。たとえば私たちの病棟では、行動療法と称して一緒にマットで前転したりして身体を動かすことによって、不安を抱えた子どもが変わっていった例もあります。治療者が身体を動かすことの意味というのも、まず第一に、じっとして話を聞くということだけでなくて、自分も同じように一緒に行動することで、子どもが動きだすきっかけをつくるという点にあると思います。それからもうひとつは、先生がおっしゃったように身体の感覚というのでしょうか、子どもたちが自分の身体にもう少し注目して力を抜いたりして、くつろげる自分の時間を自分で工夫していくようなことです。症状とはちょっと違う自分の身体に意識を向けるという意味でも、安心して生活していく第一歩になると思います。

村瀬　本当におっしゃるとおりだと思います。そして自然に自分の身体を気負うことなく慈しんで大事にしたり、ほどよく緊張を緩めて休ませたりすることによって、行動と言葉が無理なく自然につながってくるのだと思います。身体は下等なもの、あるいは感覚より観念が大事だと、あるタイプの思春期や青年期の人って思いがちですね。「この忌まわしい身体」とか「なぜ自分の意志に関係なくどんどん変わっていくんだろう」と思ってしまう人もいて、それがある種の行動上の問題や症状に及んでいく場合もあるわけです。ですが、まず自分の身体を大事にするのが一番基本であるということが、実はベースになっているように思います。

青木　そうですね。たとえばリストカットを繰り返している人の場合、リストカットをしないとき、毎日シャワーを浴びたり温かいお風呂に入ったときには気持ち良いと感じているかどうかに目が向くことのほうが、リストカットそのものを話題にするよりリストカットが減るように思います。お風呂に入って温かいお湯のぬくもりを感じて気持ちが良いとか、それこそお風呂あがりの一杯のビールがおいしいとか、そういう日々の生活感覚が大きく広がれば広がるほど、リストカットは減るだろうと思うのです。

村瀬　そうですね。今おっしゃった、お風呂に入って気持ちが良いという感覚は、とても大切だと思います。施設で夜眠っている子どもさんとか、保育園で昼寝の時間に眠っている小さい子どもの寝顔を見ると、その子は今日一日どう過ごしてどのような気持ちで寝入ったかが伝わってくる気がいたします。そして逆に言うと、非常に重篤な状態にある人は、自分がどのような感覚をもっているのか気づけなくなっておられますよね？　たとえば真冬でもランニングシャツを着ていたり。ですから、妙に高等な理屈で因果関係を問うような会話をする前に、真夏に汗だくになることで実在感があるとか、まずそこに存在するということを素直に味わい、楽しむことを、さり気なくできるように助けることから、実はこころの変容が始まるということですね。

青木　それこそ先生がおっしゃっていることでもありますが、やはり生活の質が良くなることに本人の感覚が及び、大きな変化にならないにしても現実的に生活がちょっと変化する、楽しみやくつろぎなどが生まれてくることが治療の本来の目標でもあるし、また着手できる出発点でもあると思います。

真の統合的アプローチ

村瀬　先生は最初に、いろいろな方法論を標榜する先進療法の問題点を指摘なさいましたけれど、今日の先生の事例をうかがっていると、さりげない日常生活に密着しながらクライエントの自尊心や主体性をとても大事にした、これこそ極上の認知行動療法のように思えてまいりました。認知行動療法は言葉からしてちょっと硬くてなじみませんけれど、患者さんの主体性を大事にして、しかも人から強いられたのではなく自分の努力の結果として、自分が気づいて壁を越えてきたと思えることが、どのようなアプローチであれ一番の理想だと思います。できるところから動いてみるという今日の例は、本当にそのとおりだと思うんですね。

日本にいろいろな理論や技法が紹介されるとき、それがどのような時代と社会の必然性のなかで生まれたかということを、わかりやすく解説して紹介されることがないようですが、その点について先生におうかがいしたいと思います。たとえば今、もちろん認知行動療法は対象と状況次第によっては効果のあるものですけれど、イギリスなどで広く使われる場合の長所や、ある国の社会や経済との文脈との関わりという問題について、どのようにお考えでいらっしゃいますか？

青木　先ほど私のことを認知行動療法的と言っていただいたのですが……

村瀬　いいえ、それは非常に極上の理想的にいった場合という意味で、決して認知行動療法そのものと言っているわけではありません。

青木　あの、実は私も先生と同じく統合的アプローチだと思っていたんですけど（笑）。

村瀬　失礼致しました（笑）。いや、あの……、私は自分が統合的アプローチを実践しているなどと大それたことを言うつもりはないのですが、あまりにも患者さんよりも自分の関心に引きつけて精神療法や心理療法が行なわれている状況を見て、素朴に患者さんのためにに今自分の責任が取れる範囲で何ができるだろうか、と考えるところから始めたのです。ですから、私が実践しているのは、本当に普通で当たり前のことを平凡な人間がやっていることとです。そういう意味では、認知行動療法をよく見てみると、普段の生活の行動のパターンを体系的にうまく整理してあるという点では、とても統合的だと思うのです、弁解させていただきますと。

青木　すみません、僕は言ってはならないことを言ってしまうようです（笑）。イギリスの認知行動療法が心理療法全体のなかに占めるポジションをきちっと言えるかどうかはわかりませんが、私自身は、全体状況としてのイギリスの精神医療あるいは心理療法のあり方に対しては非常に懐疑的で、時々行っては、私たちが取り入れるべきものかどうかといつも悩んでいます。イギリスは多くの場合に分業的というのでしょうか、多職種のチームで事に当たるのですが、たしかに多くの職種の人が一人の子どもに関わるエネルギーの総和は多いように思いますし、多くの人の目を通して子どもの全体像が立体的に浮かび上がってくることもあり、すごいなと思うこともあります。しかし、たとえば私がある青年期病棟にしばらくいたときに、これは本当に子どもにプラスなのだろうかと思う経験もしました。非常に重篤で自傷をしたり、物を壊したりする子どもに対して、主治医が「じゃあ、この子にはこういう薬を出そう」、そして「よし、心理療法をしよう」ということで、たとえば「認知行動療法を半年間」という感じでオーダーします。そして認知行動療法がうまくいかないと「それでは精神分析を」というオーダーが出るのです。生活のことはソーシャル・ワーカー、身体と薬は精神科医、病棟でのケアは看護師、そして心理療法としては認知行動療法や精神分析療法、というなかで、一人の子どもの全体性や主体性が見失われているように感じたのです。

日本では一人の心理療法家ないし精神科医が、できるだけ自分でいろいろなことを見ていこうとしていきます。心理療法もするし、医者であれば薬を出そうともするし、生活を見ていこうとするし、いわば全体を見ようとします。ですがイギリスは最初から分業が成り立っているために、全体を見るということが少ないように思います。いつも部分として切り取っていて、この行動には認知行動療法、この症状には精神分析、というようなオーダーが出されて、その人の生きている全体を見ずに、切り取った形で治療がなされているように思えてならないんですね。分業の一部分を認知行動療法家や精神分析家が担うというのでは、本当の意味で力を発揮しにくいように思うのです。本当に症状が深刻になればなるほど、ひとつの枠には収まらなくなりますし、その人の人生全体を見なければいけなくなるものです。ですが、その人とその人をとりまく全体を見るという発想がないかぎり、症状を中心に治療の目標を決めていくとしても、本当に大変な人にはあまり有効ではないのではないかと思うことがあります。

村瀬　ありがとうございます。時間も迫っておりますので、蛇足のようでございますけれど、二〇〇六年に先生が交換教授としていらっしゃっていたオックスフォードにお訪ねしたときのことを鮮明に想い出しました。そのときも先生は、全体状況のなかで理論や方法をどう考えて使うかということを繰り返しお話しくださいました。機械的に技法を適用することには真摯に素直に疑問を述べていらっしゃいましたが、でも周囲と良い信頼関係をもっていらっしゃいました。先生は考えながら行動することが大切だと強調なさいましたけれど、焦点を合わせて全体をしっかり見すえながら考え抜いたところから出てくる真実については、正直にこれを表現しても、人間はみんなどこかで大事なことには気付こうとするところがあるので、それは伝わるところがあるのではないでしょうか。オックスフォードにいらっしゃったときの青木先生のように、「一対みんな」という少数派でもコミュニケートでき、分かちあえることを、今日は学ばせていただきました。そういう存在であるということが、先生の臨床の基盤になっているのではないかと思います。あとは私たち一人ひとりが自分をどのようにしてそういう形にレベルアップしていくかについては、今日先生から頂戴した宿題だと考えて終わらせていただきます。今日は本当にありがとうございました。

第六章　心理臨床家の成長と発達

統合的心理療法と熟達化研究の関係性

村瀬嘉代子（北翔大学）
新保幸洋（東邦大学）

統合的アプローチと熟達化

新保　ただいまご紹介にあずかりました東邦大学の新保です。今日の研修会の講師としてお招きいただきまして、大変名誉なことだと思っております。私は大正大学に大学院ができてから一期生としてずっと村瀬先生にお世話になってまいりました。私のドクター論文の主査を務めてくださったのも村瀬先生ということで、今日に至るまで本当にお世話になりっぱなしです。その村瀬先生と今日、対談をさせていただけるというのは大変光栄なことです。博士論文の口頭試問を受けるような気持ちで少しどきどきしておりますが、全力を尽くして今日のテーマに取り組みたいと思います。

今日私が考えましたのは「統合的心理療法と心理臨床家の成長と発達」というテーマです。今日のキーワードはエキスパティーズ（expertise）と英語では呼びますが、日本語でいう熟達化ということを切り口に心理臨床家の成長・発達のことを考えていきたいと思っております。もちろん心理臨床家自体を直接の対象として熟達化研究が行なわれていれば、最初からダイレクトにそこを取りあげてお話をするのですが、このような研究はまだまだ非常に少ないのが現状です。

最初にお話するところは、認知心理学、人工知能研究、脳科学で、互いに影響を及ぼしあって非常に革新的な知見が生み出されつつある、そういう領域です。そしてそこにつながるかたちで心理臨床家の成長と発達という問題が出てきます。今日の文脈でいいますと、心理臨床家の成長と発達は熟達化のプロセスのひとつと考えられますから、そのような観点から話を進めさせていただきます。そしてそこを通過して、一番狙っておりますのは統合的心理療法です。ここには歴史的分析、心理療法の世界的動向や日本の動向、他の心理療法との比較研究、生活環境概念からの分析などが関係してきます。私はこれまで村瀬ゼミや日本心理臨床学会の自主シンポの場で、統合的心理療法、統合的アプローチの本質について考察を行い、それを発表してきましたが、今日の話もその一環ということになります。

講演概説——三つの視点

新保　最初に、村瀬先生の著書から事例を何例か抜粋させていただきます。まずは視覚障害と聴覚障害を併せもつK子さん六五歳の事例、これが事例1です（村瀬、二〇〇三）。同じく事例2がメタモルフォーゼの事例です（村瀬、一九九五）。そして事例3、これもやはり重度聴覚障害A子さんの事例で、村瀬先生がきわめて短い時間の間にかかわりをもたれたにもかかわらず、非常に劇的な変化を遂げられた事例のひとつです（村瀬、二〇〇三）。今連続して三つの事例を提示しましたが、これらすべて、ケースの内容や対象は違っていても共通部分があるというのが、今日のお話のテーマと結びつきます。これらの事例については、後ほど取り上げますので、今の段階では単に紹介するにとどめます。

では、これから、今日の話の組み立てについて述べます。今日は三部構成でまいりたいと思います。まず第一部が「熟達化研究からの示唆」となります。認知心理学や認知科学、あるいは人工知能学や脳科学、そういったところでは一体どのような研究がなされていて、そこから何がいえるのだろうか、そしてそこで見つかった知見は心理臨床家の熟達化というテーマにも直接当てはまるという前提でお話をさせていただきます。第二部は「心理臨床家の成長・発達研究」として、臨床心理学の領域で今どのような研究がなされようとしているのかを、少し取りあげたいと思います。そして第三部は「統合的心理療法と心理臨床家の成長・発達」というテーマです。結論から申し上げますと、統合的心理療法を下支えしている要素はたくさんありますが、一番大きな要因のひとつがエキスパートとしての思考特徴や知識構造であると、認知心理学的な観点からはいえると思います。つまり村瀬先生はエキスパートの思考をもちながら実践をしているからこそ卓越した臨床実践ができる、ということだと私は考えております。

熟達化研究からの示唆

新保　まず第一部です。熟達化研究からの示唆ということですが、大きくいいまして四つ、まとめを入れて五つの内容で簡単にお話をさせていただきます。第一に熟達化の定義、第二に熟達化研究の歴史と発展、第三に初心者と熟達者の違い、第四に熟達化研究の今後について、第五にこの研究が心理臨床家の成長・発達という問題とどうリンクしていくのかに触れたいと思います。

まず熟達化ということですが、一般的な定義ですと、大浦容子先生が二〇〇四年に書かれた著書『学習科学』（波多野・大浦ほか，二〇〇四）からの抜粋によれば、「ある領域での長期経験にもとづいて、領域に固有の知識や技能を修得し、有能さを獲得する過程のことだ」といわれております。ですから優れたパフォーマンスができる状態になり、そしてその高みに到達した人をエキスパートと呼ぶことになります。今回その定義に加えて、当該人物が自分の働いている領域で生き残っていくために学習変化を遂げていく適応的なプロセス、つまりその人にとっては進化の一端だと考えたいと思います。ただし、その熟達化のプロセスは個人によって異なっていますので、むしろ一人ひとりが皆違うかたちで熟達化を遂げていくという意味では、熟達化のプロセスとはまさに「個性化のプロセス」だといえます。ですから熟達化のプロセスは、心理臨床家にとっては必然のプロセスでもあるのです。

次に熟達化研究の歴史ですが、だいたい一九六〇年代から七〇年代にかけて、認知科学と人工知能の分野がコラボレートして急速に進みました。この研究の発端はチェスにあります。チェスでグランドマスターといわれるエキスパートたちは一体頭のなかで何を考えているのだろう、というところが研究の出発点となりました。そういう人たちの行為を調べていくなかで、どうもエキスパートというのは直感的にいろいろなことを理解して実践しているらしい、常人とは違う知識の構造や知能をもっているらしいということがわかってきました。実際の領域でいいますと、記憶、暗算の超熟達者に関する研究、チェス、碁、将棋、そして物理学などの科学の問題解決過程の分析、そういったところが熟達化研究での最初の取っかかりとなっていきます。

第一部で扱う一から三のポイントは、いずれも研究とする対象が静的なものですので、研究がしやすい側面があります。しかし四番目の「熟達化研究の今後について」は、単純なものから複雑なものへというのが研究の流れですので、対物から対人へ、静的なものから力動的なものへ、さらに相互作用的なものへということで、徐々にエキスパートの研究対象も医師や看護師、教師、そしてカウンセラーというように、より複雑でダイナミックにシフトしてきているという傾向があります。

さて、次に熟達化研究の指し示すところをちょっと考えていきたいと思います。初心者と熟達者の比較というところで考えますと、五つポイントの違いがあるといわれています。第一に、「目の付けどころが違う」ということです。これはつまり同じものを見ていても、プロが見ている世界とアマチュアが見ている世界は全く違うということ、着眼点が違うということですね。第二に、「必要なことを覚える記憶力が違う」、また記憶の仕方や記憶の利用の仕方にも違いがあることがわかっております。一般的にはエキスパートであっても初心者であっても、人間としてもっている記憶力そのものに大差はないといわれていますしかしこと専門領域においてはエキスパートは優れた記憶力を発揮することが知られています。第三に、「課題を遂行するときの手続きが違う」ということです。もちろん知識の活用方法の違いもあります。第四に、「課題を遂行するときの技能が自動化されている」、いちいち意識しなくても自然に、巧みに、そして非常に複雑な動作を流れるように行なうことができる。これは「自動化」といわれる現象ですが、そういったことがエキスパートの場合にはよく観察されます。そして第五に、「強い自己調整機能を有している」ということです。プロと呼ばれる人たちには自分を見ているもう一人の自分がいるといわれるように、自分自身を冷静かつ客観的に見てセルフマネージメントしていく能力を身につけています。このような能力をセルフモニタリング能力やメタ認知能力と呼んだりしますが、エキスパートと初心者ではこれらの点で大きな違いがあることがわかっております。

少し話が戻りますが、第一番目に取りあげた「目の付けどころが違う」ということは、重要なところだけを見て、ほとんど迷いがなく、短時間ですぐに正確なアセスメントを行い、次の行為に結びつけることができるということに関連してきます。つまり、ミスが少なくポイントをはずさない、といった特徴があります。これを将棋の例で説明します。羽生名人は平成を代表する天才棋士として有名ですが、その羽生名人を対象にした認知科学研究が進んでいます。例えばトッププロの記憶力を試す実験で、ある場面をぱっと見たときに初心者と熟練者ではどのように見方が違うのかというのを、アイカメラを用いて実際に解析をした結果が出ています。目線が動いたところにマークが集まっていて、ところどころにある白い大小の丸が停留点といって、ずっと視点が留まっていた時間の長さを示しています。これに対して初心者の視線の動きは非常にランダムで、多方向に散らばっています。これは結局どこを見ているのかわからないときの目の動きではないでしょうか。それが中級者になってきますと、まだやはりランダムに見る部分もありますが、少し全体的にまとまりをもってきます。でもまだまだ無駄が多い。しかし羽生名人になりますと、必要最低限な分だけ目を動かせばもう十分記憶が可能になるということなんだそうです。これがエキスパートと素人の違いです。

目の付けどころの違いということでは、医学の領域でもいろいろな研究がなされております。そのひとつに、肺レントゲン写真の陰影診断の違いについての研究があります。陰影のあるレントゲン写真を見たとき、その陰影が臨床上意味のある陰影なのかどうかを区別できるかどうかということです。これは診断上非常に重要な問題になりますが、熟練した医師と二年目の研修医には大きな違いがあることがわかっています。

また私は、一九九四年くらいから五年ほど、心理臨床家の意思決定過程の研究をずっと手がけておりました。この意思決定過程は本当に一瞬、または何秒かという非常に早いサイクルで行なわれます。通常の面接ですとクライエントの方がおられて、その方の言語的情報や非言語的情報から臨床上意味のある「手がかり」を取りだす作業をします。おそらくその臨床状況の中から最初の意味ある「手がかり」を取りだす場面で、初心者と熟練者との間に大きな違いがあるのです。初心者の場合、そもそも見るべき重要ポイントを見逃すことが多く、そのためこの手がかりが十分につかめず、その次に出てくる推測や仮説の設定というステージがうまく進まないことになります。ここがちょっと揺らいでいると、

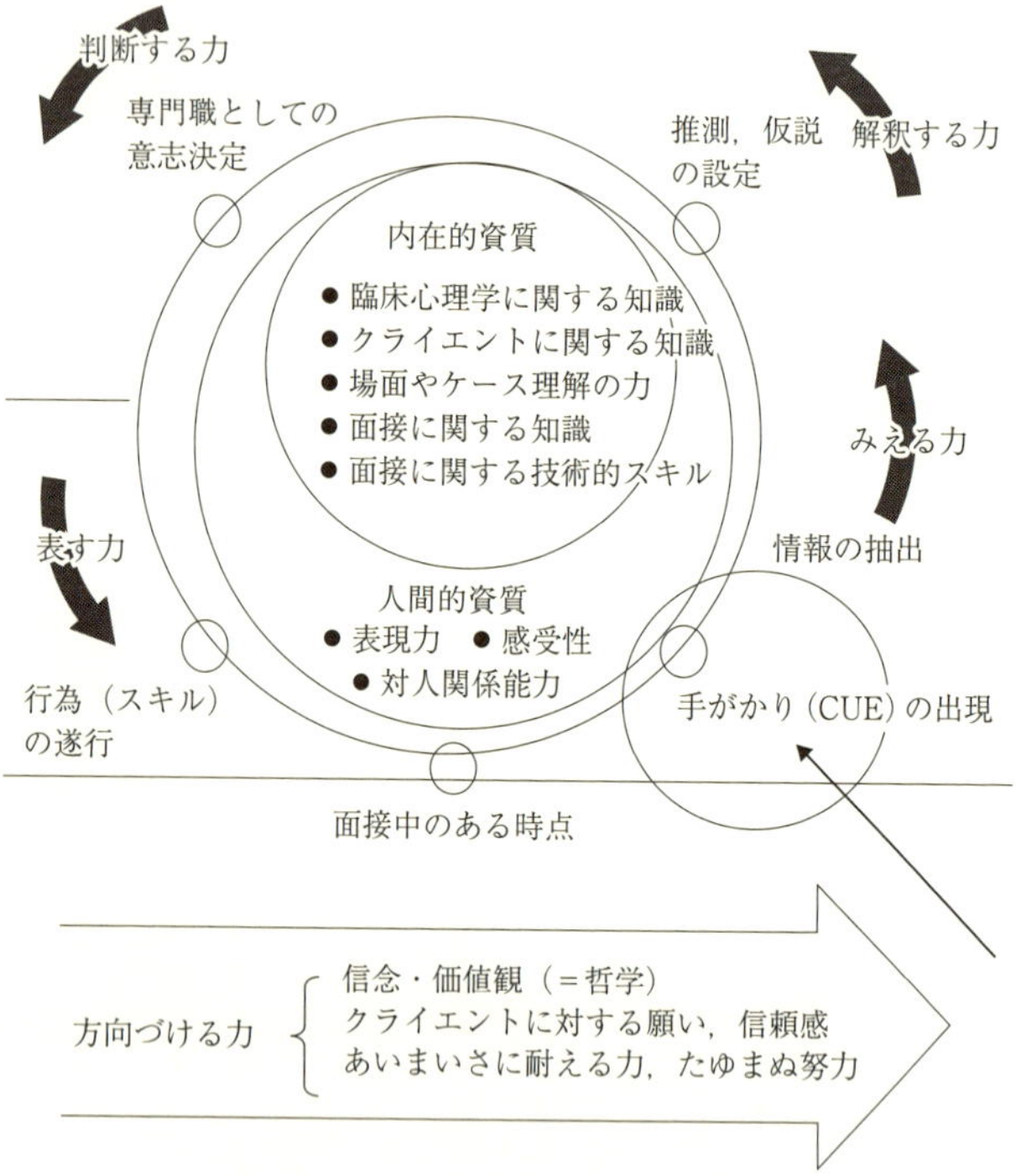

図１　面接場面における知覚と意思決定過程のモデル
Shavelson（1973），藤岡（1993）を改変

次の意思決定も難しくなってきます。当然それは行為の遂行にも影響を及ぼしますから、この循環（意志決定サイクル）が途中で止まってしまうこともあるのではないかと思います。反対に熟達者の場合は、重要な手がかりをきわめて早い段階で正確につかまえるので、このサイクルがすっと回り、スムーズに行為の遂行へと結びつきます。結果として無駄が少なく、素早い介入になっていくのだと思います。

次に第二番目の「必要なことを覚える能力が違う」ということですが、エキスパートの場合には非常に短時間の間にたくさんの量を覚えられる。ただこれは専門領域に関してのみということで、自分の専門領域ではない分野では一般人とまったく変わらなくなることもわかっています。人は頭の中でチャンクというまとまりのある構造として全体を有意味な状態に分節化して把握するといわれています。ですから有意味な配列を乱して無意味な配列にしていくと、エキスパートでも覚えられなくなってしまうのです。次に熟達者と初心者では記憶の使われ方も違うといわれるのですが、それは短期記憶と長期記憶の活用のされ方に違いがあるようです。特にここで重要になるのは長期記憶の方です。熟達者は巧みに長期記憶から情報を検索し読みだして使っているらしいということがわかっています。

それは小脳と深い関係があり、その小脳は直感とも深い関係があることが知られています。ある場面の情景を何秒で覚えられるかテストしてみると、プロとアマチュアで大きな違いがあって、記憶に要する時間の違いがありますし、記憶の正確さの違いも大きくなります。このときもプロは、世界を意味あるものとしてきちっととらえて記憶しているということになります。

こういった熟達者の優れた記憶の活用の仕方は様々な分野で研究されています。チェスの領域ではグランドマスターという凄腕のプレーヤーたちの記憶に関しての研究が進んでいます。彼らは長期記憶から情報を検索しているということ、それは脳の使用部位や脳の機能の仕方の違いとも関係しているということが報告されています。さまざまな領域のエキスパートは尋常ではない学習を数多く積んでいますので、最初は宣言的記憶と呼ばれる特定のものについての記憶から始まるのですが、最後には手続き的記憶へと情報が変換され、必要に応じてこの記憶が呼びだされ活用されているということのようです。この小脳と記憶に関する領域については現在、理化学研究所が精力的に研究を進めております。理化学研究所と富士通と日本将棋連盟が提携して、人間の直感の機能を解明しようというプロジェクトが進んでいます。目指すは人間の直感機能を組み込んだコンピューターの開発で、それが人工知能研究者の夢なのだそうです。

第三番目の「課題を遂行するときの手続きが違う」というところですが、これは問題をどう読み解いていくかの違いだと考えられています。エキスパートは与えられた問題にすぐには取りかからず、最初にいろいろな角度から考え、むしろ問題点を把握するための初期分析にたっぷり時間をかけるといわれています。逆に初心者の場合には、原理や法則は後になって意識されてはきますが、最初からそういうものに頼らない傾向が強い。つまり「出たとこ勝負」的に問題解決をしていく側面が強いということですね。

たとえば、ある文化財修理技術者（和紙の専門家）の方は、初めからやみくもに仕事には取りかからないで、修復作業に入る前に徹底的に紙と対話し、向きあうのだそうです。そして対象となる和紙の作品にどのようなメッセージが込められているのかを考え読みとって、それが自分のなかに入った段階（本当に理解できた段階）から仕事を始めるということです。これを心理臨床場面に置きかえますと、実際の関わりに入る前に、あるいは関わりながらクライエントを入念に観察することにつながってくると考えられます。村瀬先生の統合的心理療法、統合的アプローチでよくいわれることのひとつに、クライエントに対する緻密でかつ多面的・多角的な観察とアセスメントの重要性ということが挙げられます。これも上記の内容と関連づけて考えることができるでしょう。

また、熟達にとって大切なもののひとつに練習ということがありますが、ここで重要なのは練習量よりもむしろ練習内容や練習方法という質の側面です。熟達化のためには、ものすごい数をこなすことが一方で必要となってきますが、ただ数をこなせば熟達化するかというと、そこには限界があります。これまでの知見からいえることは、よく「考えられた練習」をしているかどうかがポイントになります。ここで取りあげたいのは音楽の熟達に関する研究ですが、初心者はピアノを弾くことで手一杯の状態にあります。しかし準熟達者たちになりますと弾けるのは当たり前で、そこからどう楽曲を解釈をしていくのかにエネルギーを注ぐことになります。さらに面白いのは、この群になると自分たちの演奏がどのように聞こえるのかという観点でとらえなおせるようになるということです。これは臨床場面に置きかえますと、自分がどう振る舞うかにエネルギーを使っていた初心者の段階から視点変換が起きて、この場面はクライエントだとどうとらえるのだろうかという複眼的な視点でクライエントや臨床状況をとらえられるようになっていくという質的な変化が起きることと関連するといえるでしょう。

第四の課題を遂行するときの技能が自動化されているということに移ります。この点については自転車の運転を思い浮かべれば非常にわかりやすいと思います。自転車も最初は乗るのに大変な労力を使うものですよね。あっちに倒れたりこっちに倒れたり、スピードを出しすぎてどこかにぶつかってしまったりとかしますね。それが回数をこなすうちに正確に乗れるようになり、無意識に、自動的にできるようになり、やがて手を離してもこげるようになります。これは繰り返しの訓練によって身に付くもので、最初は大脳の前頭連合野で作業をしているらしいのですが、集中して勉強しつづけることで大脳に思考のモデルが形成され、最終的にはその情報が小脳に写しとられてゆく。もともと小脳は姿勢の保持とか運動の制御に関わる領域だといわれていますが、そこに情報が移っていき、必要に応じて、小脳から情報が転送されてくるようです。このように自動化されると当然心的余裕が出てきて、今まで見えなかったことや注げなかったところに労力を注げるようになります。熟達者はその余力を高次な思考に振りわけていきますが、これを前進的問題解決と呼んでいます。慣れてくるとその余力をコントロールを必要とする高度な認知処理のために、より多くつかえるようになるということです。このことは、たとえば楽曲の解釈や視点の変換にエネルギーを注げるようになると、目の前の現象に振り回されずに現象の本質的意味を追求できるようになるということにもつながってきます。つまり、創造性の発揮などと関係するのです。

最後に、「強い自己調整機能の獲得」ということについて触れます。認知心理学でいうメタ認知やセルフモニタリングという言葉を思い浮かべてください。自分自身を対象化してコントロールし、より高いパフォーマンスにつなげる能力を獲得することも、熟達化のプロセスで重視されているポイントです。実際には問題の難易度を予測したり、時間を適切に振りわけたりしていくことに使われます。メジャーリーガーのイチロー選手を見ればこのことがとてもよくわかります。かつて私は大学生たちの自己教育力をどう育てるかという主旨の講演を頼まれたことがありまして、そこでイチロー選手を題材に取りあげたのですが、彼はこんなふうにいっております。「九四年から九六年までの自分が見えていない経験から、客観的に自分を見なければいけないという結論に達しました。自分は今ここにいる、でも自分の斜め上にはもう一人自分がいて、その上で自分がしっかりと地に足がついているかどうかちゃんと見ていなければいけない、そう思ったんです」と。この斜め上にもう一人自分がいる、という部分が、観察自我ということもできるのでしょうが、セルフモニタリングとかメタ認知ということも可能だと思います。それはつまり自分自身を突き放してとらえる対象化能力が秀でているということで、心理臨床家の場合、クライエントとの関わりのなかでも大きな意味を持つ能力です。この能力が低いと、状況に巻き込まれてしまい抜け出せなくなる確率が高くなります。

熟達化研究の発展

新保　さて、熟達化研究の発展ということをかいつまんでお話してきました。これまではチェスや囲碁のような静的な対象の研究が進んできましたが、これからは対人関係を仕事とする人たちのエキスパート研究が進んでいくのではないでしょうか。今後は研究対象に心理臨床家の人たちも含めてほしいと願っています。一方でこの熟達化研究は脳科学の

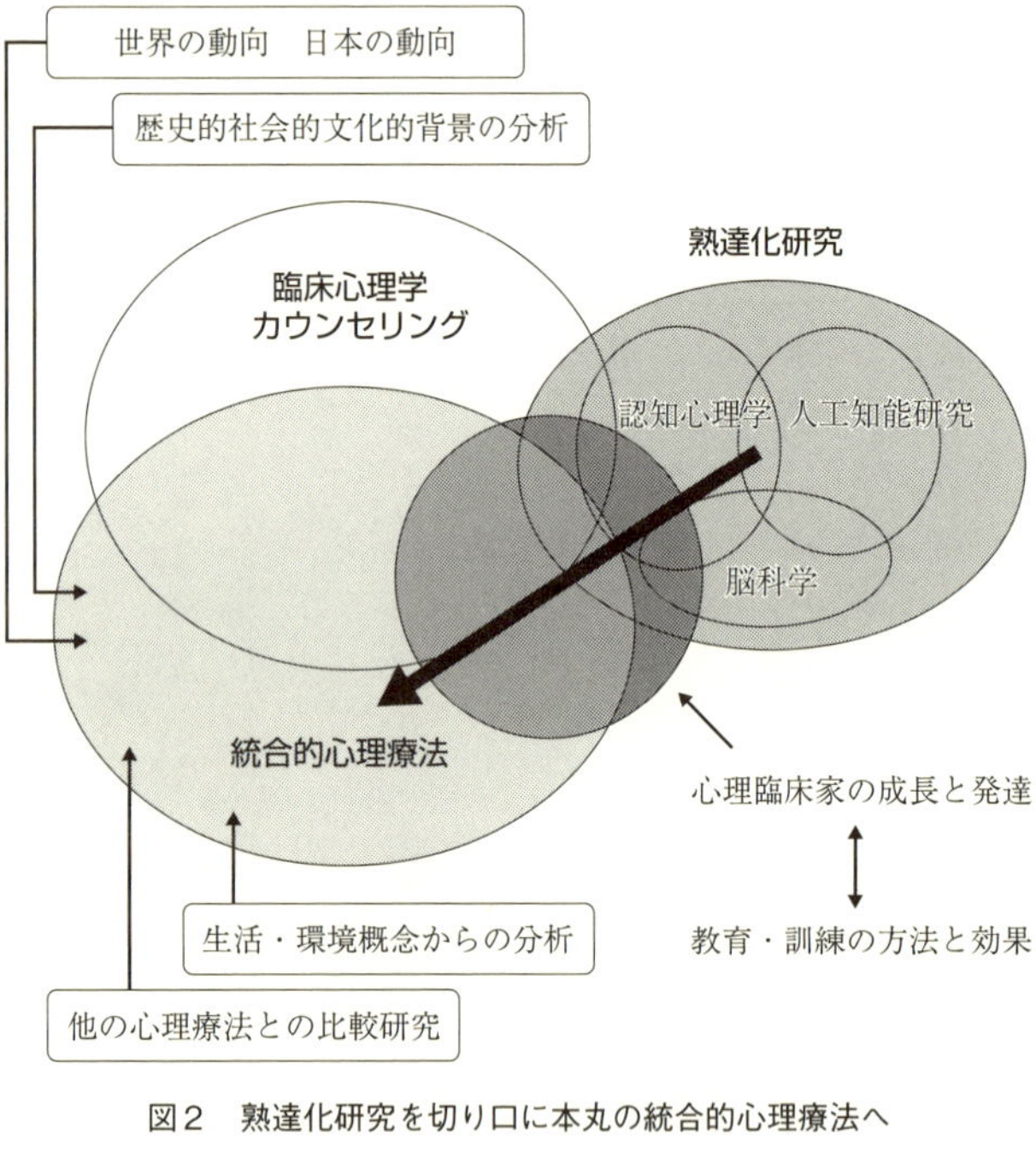

図２　熟達化研究を切り口に本丸の統合的心理療法へ

後押しを受けて、革命的に進歩が進んでいるということも述べました。この熟達化の問題は当然のことながら心理臨床家の教育訓練の問題ともリンクしてきます。

ここまで、エキスパートとはいったい何なのか、さまざまな領域の知見を紹介しながら考えてきましたが、ここでポイントを簡単にまとめてみたいと思います。一番大きなポイントは、熟達者は素人と違って特定の領域において格別の知識構造をもっているということです。これは知識量においてもそうですが、一番大きいのは構造化された知識をもっていることです。それがベースになって知的判断が進んでいきますので、非常にスピーディに情報処理ができることになります。そこから残った余力をより高次な思考に振りわけていく前進的問題解決ができるようになります。またメタ認知能力の高さも特徴になります。一般にエキスパートというものは自分に厳しいですよね。この内定基準の高さということも、熟達者の特徴として指摘されています。長期間にわたる連続的かつ濃密な学習経験と高い動機づけ、これがエキスパートを生みだす大きな要因だといわれています。

心理臨床家の成長・発達研究

新保　それでは次に、心理臨床家の成長、発達に関する研究を取りあげたいと思います。まず欧米の動向ですが、一九八〇年代以降、臨床心理士の職業的発達への関心が高まりつつあります。これには大きく二つの流れがあります。ひとつはデビット・オリンスキー教授を中心とした国際研究グループで、世界各国の臨床心理士の職業発達に関する広範囲なデータを集めて調査を進め、大規模な国際比較を行なっています。日本ではお茶の水女子大学の岩壁茂先生や明治学院大の金沢吉展先生が、オリンスキー教授の枠組を使いながらいろいろな研究を精力的に進めておられます。もうひとつは、スコウホルトらを中心としたグループで、こちらはスーパーヴィジョン研究とも関係がありますが、カウンセラーの発達モデルの構築に大きく貢献しています。その他にもいろいろなモデルが提示されていますが、代表的なモデルはストルテンバーグとデルワースの統合発達モデルで、セラピストの成長を三段階くらいで考えています。またスコウホルト教授は、カウンセラーの発達は八段階で変化をしていくのだと提唱しています。彼らはこの研究をするうえで百人くらいの臨床心理士を対象に質的インタビューを行なってこのモデルを組みあげています。これは非常に優れたすばらしい研究だと思います。ただあくまでも米国の博士後期課程の学生をターゲットにした研究ですから、ちょっと日本と事情が違うというようなこともあります。これらのモデルに共通していることは、どうしたらいいかわからない不安が高い初心者の段階から、いろいろな技法を統合して自分なりのスタイルをもって、相手の病態や状況が変わっても柔軟に対応できる上級者の段階へと、カウンセラーは変化していくという点です。そして、その変化のプロセスのなかでも訓練プログラムが重要になります。職業発達に関する日本の研究は緒についたばかりで、まだまだフロンティアが残っているところですから、ぜひ皆様にもこの領域を攻略していただきたいと思います。私自身もこの領域に非常に関心をもって取り組んでいるところなのですが、職業選択の動機なども含めた研究が始まっていて、二〇〇七年の日本心理臨床学会でも発表がされておりました。

この研究領域に関連して、私は二〇〇三年に大正大学から文学博士の学位をいただきましたが、そのとき村瀬先生のご指導のもとに行なった研究を紹介します。三三名のカウンセラーにご協力をいただき、経験年数ごとに五群に分けて、私が自作した臨床のビデオを三事例ずつ見ていただきました。つまりトータルで九九事例を解析したことになります。これを解析すると、おおよそ五年をひとつの契機としながら臨床心理士は発達変化を遂げていることがわかってまいりました。一番大きな変化が起きるのは、大学院生から就職後五年目くらいまでの初心者群から初任者群までの間で、そこで質的に大きな変化が起きると推測されています。これは本当に劇的な変化で、非連続的な変化が起こります。もうひとつ大きな変化が起こるのは、中堅の臨床経験のところです。同じ中堅者でも中堅者Ⅰ群（経験年数六年目～一〇年目まで）ではなく中堅者Ⅱ群（経験年数一一年目～一五年目まで）くらいになると、かなり熟練者の群に近づいていきます。つまり、あまり余計なことを考えないで、すっと事の本質に近づけるレベルになっていくのです。逆に中堅者Ⅰ群というのは、いろいろな仮説を組み立てて複雑にものを考えていることが多くなりますので、かなりしんどい作業を前頭連合野あたりでこなしているという印象です。そこで思い出されるのは、エキスパート・セラピストの思考特徴が直感を用いた短い時間での正確なアセスメントにあるということです。また、彼らは身体感覚をフルに用いて対象にアクセスしていたり、言語の面においても比喩表現といった高度な言語を巧みに使っているという印象があります。上級者になると、場面状況に関する読みの速さはあまり変わらなくても、読みの量が一気に増えるんですね。それは頭のなかでの情報処理水準の違いと関係があるのだと思いますが、ある問題が与えられたときに意識の水準で処理されるのか、無意識の水準で処理されるのかという、大きな違いがあるように思います。

統合的心理療法と心理臨床家の成長・発達

新保　ここで再び第一部の冒頭部分で提示した事例を見たいと思います。この三つの事例はすべて村瀬先生の頭のなかで起きていることを示していますが、エキスパートとしての思考特徴がよく現われた場面だと思います。先ほどの無意識水準での情報処理のこともここに盛りこまれています。村瀬先生ご自身の身体感覚と無意識的なイメージを活用しながら、瞬時に短時間でアセスメントして事例の理解につなげておられるということですね。つまり、統合的心理療法というものは何気なく行なわれているように見えますが、実はそれを下支えしていることのひとつに、このエキスパートとしての思考の特徴があるのではないかということです。その統合的心理療法の特徴を、ここであらためて考えたいと思います。

そのひとつが多軸あるいは多角で考えるということです。でも私自身は実はその多軸ということが在学中はよくわからないまま卒業してしまったという、ちょっと恥ずかしい思いがありまして、三年くらい前に村瀬ゼミで統合的心理療法について発表するようにご指示を受けてから、一生懸命村瀬先生の著作を読み返して、そこから軸になりそうな部分を拾いだして整理したことがあります。結論からいいますと、おおよそ六軸くらいが出てきました。第一軸は、現在の状況の把握とリソースの発見ということです。ここには、単に病理に着目するだけではなく、クライエントの潜在的な可能性に注目をするということも入ってまいります。それから第二軸が、目標の明確化とクライエントの希望とのマッチングです。これは面接という状況を時間軸できちんととらえ、未来を志向してその関わりをもっていくということに関係してきます。第三軸は、セラピストとしてクライエントと取り組んでいる課題や実際の関わりが適切かどうかを検討しようという軸です。これはセルフアセスメントの軸に近いのかなと思います。また実際に相手に合った関わりになっているかどうかを見るという軸も、第四軸として出てきました。第五軸には、治療的環境の醸成と構造化を図るという軸が出てきます。つまり治療状況全体をどうとらえて構造化するかという問題、面接を戦略的にとらえていくということと非常に深い関係があるのだと思います。そして第六軸に、セラピスト自身の自己点検という軸が出てきます。私の個人的な見解ですけれど、この軸は統合的心理療法の特徴を大変よく表わしていて、他の心理療法ではあまり浮き彫りになってこない部分ではないかと思います。第一部で述べた熟達者研究の文脈でいいますと、メタ認知やセルフモニタリング、セルフリフレクションやセルフチェックとも深い関係がある部分だと思います。つまりセラピストとしての技能的な側面だけではなく、己のありようをどう見ていくのか、己のありようがある意味すべてなのだという考え方と結びついてきます。

多くの心理療法の場合、クライエントに対して既存の技法をどう適用するのか、その技法が学派の理論に照らしてどうなのかということは多くいわれるのですが、もっと踏みこんで、その理論を用いたり技法を駆使したりしようとする自分自身のあり方はどうなのかというところは、あまり問われないのではないでしょうか。しかし「そこを問うことなくして実は心理臨床はできない」というのが、村瀬先生のご指摘ではないかと理解しています。

統合というのは単なる理論同士の接合でもない、単なる足し算でもない、技法の単なる折衷でもない、といわれます。この問題は熟達者とは何かという問題にも関わってきます。いろいろな臨床実践を経るなかで、中・上級者のレベルになってきますと、個々のさまざまな要素については習熟してきます。当然個々の部分についての自動化というレベルも進んできます。しかし、個々の要素について高い能力をもっていたとしても、それが総合的なパフォーマンスという観点からすると単なる要素の足し算で終わっているという現状がありますす。このレベルに留まることなく本当の意味での熟達者になっていないと、統合的アプローチを実践していく道のりはまだまだ遠いということですね。

ただ、個々の要素の足し算で終わらないで、十倍、二十倍になるようなパフォーマンスを演出する、これが熟達者だといわれておりますが、それは本当に可能なのでしょうか。統合的アプローチは、非常に優れた知識と経験と技術と豊かな経験をお持ちの村瀬先生であるからこそ、あれだけのパフォーマンスが確立できた、これは間違いないことだと思います。ではそのレベルに我々が到達できるのでしょうか。

ここについては熟達化研究から知見を拝借してちょっと望みを託したいと思います。熟達化研究では、熟達者になるために必要なことが七つほど指摘されております。それを見てみましょう。

ひとつは、「十年ルール」といわれていることです。とにかく十年がんばってみよう、ということですね。十年がんばってみると当然それなりの学習量をこなすことになり、それが質の面での変化につながることが期待されます。ヴァイオリンやピアノの例ですが、初心者とプロとの間には圧倒的な練習量の違い、その練習してきた期間の長さの違いがあります。おおよそ十倍くらいの練習量の差があり、十年の期間において決定的なパフォーマンスの違いが生まれてくるということです。認知心理学の領域では一の壁、十の壁、百の壁、千の壁、万の壁という言葉が知られています。臨床に置きかえると、症例十、百、千というレベルを経験することで、心理臨床家の側の認知構造や知識構造に変化が起こるのだと思います。

私個人の経験をちょっとだけお話しさせていただきますと、ある時期都内の精神科病棟で認知症患者の心理テストを実施したことがありました。私はそのときまで認知症の患者さんとコンタクトを取ったことがなかったので、病棟に入っても誰が認知症の患者さんなのかわからない状態だったのです。しかし、患者さんに十人、二十人会うと、ちょっと当たりが付くようになりました。最終的にトータルで三百から四百人くらいに心理テストを実施したのですが、それくらいになると会った瞬間に「ああ、何かあるな」と勘が働くようになりました。おそらく百というオーダーを超えたことによって、何か私のなかに認知構造の質的変化が起きたのではないかと思います。これがさらに千のレベル、万のレベルとなれば、もっと違うことが起きるのかもしれません。

二番目に、その分野が大好きだということがあります。「好きこそ物の上手なれ」という格言通り、大好きで二四時間そのことを考えつづけられるかどうか、ということですね。三番目に、生活の一部になるくらいまで練習するかどうかということがあります。伝統芸能の熟達者のお話を聞きますと、まさに二四時間が修行だとおっしゃっています。その分野が好きで一生懸命そのことを考えて十年続けるのと惰性で十年過ごしていくのとでは、当然結果として大きな違いが生まれるのではないかと思います。それは四番目の「よく練られた練習」（極度に集中した意図的な練習を長期間にわたって行う）ということにもリンクしてきます。単に数をこなすのではなく、一つひとつのわずかな違いにも気を配り、疑問をもちながら長期間試行錯誤を重ねていくという、「よく練られた練習」こそが高いレベルでの熟達化を進めるのだとされています。また五番目に、練習を振り返って省察していくという点において、初心者と熟達者には大きな違いがあるといわれています。六番目に、非常に高い動機を長期間にわたって維持しつづけることですね。十年や十五年という期間、モチベーションをもちつづけるのは大変なことですが、それができれば何か変化が起きる可能性は大きいだろうということです。そして、そのときに一人でがんばらないで仲間の力を借りる、というのが七番目です。そこから熟達化を支える社会的文化的領域としてのプロフェッショナル・コミュニティの意味が出てきます。我々は結局一人ひとりでは非常に弱い存在で、多くの仲間の支えがあって初めて成長していける存在です。そう考えますと、やはり仲間内での勉強会や学会などで切磋琢磨していく学びあい、支えあいこそが、実は熟達化を支える大きな力になるのだといえるでしょう。

統合的アプローチへの道は険しいものですが、しかしそこに一縷の望みを託して進んでいくとき、技の熟達にとどまらず、人格的な成長を抜きに語ってしまうのでは不十分です。

真のエキスパートを目指すためには、それに必要なことを日々考え抜いて実践していくということしか、私たちには道がないように思います。村瀬先生が最近の著書のなかで、「自身のコピーをつくるつもりはない、一人ひとりが自分の個性を生かして一代かぎりの統合を目指して進むべきではないか」とおっしゃっておられます。絶え間ない研究と修養によって、私たちはそこに一歩でも二歩でも近づけるように努力できると思いたいですし、またそうしていきたいと思います。そのことが心理臨床家としての成長・発達につながると思いますし、そこを目指す過程で私たちは、統合的アプローチを自分に身体化させたかたちで、本物の状態として実践していけるようになったらいいと思っております。

世界は開かれ、思考は収斂する

村瀬　新保先生、本当にありがとうございました。考え抜くとはこういうことだというのを体現していただきました。日頃雲を少しつかみかけて、でもそれはやっぱり雲で、指の間から消えていきそうな、でもまたその雲が手のなかに入ってくるそのようなとき、雲のように見えるその実体はこういうことではないかということをクリアに示してくださったのが、今のお話だと思います。

新保先生は、学部と大学院で生物学を研究なさっていて、動物の保護色で細胞がなぜそのように変わるのかを明らかにするという緻密な研究をなさっていた方です。私はものの考え方や感じ方というものは、究極にはひとつの方向に収斂していくとしても、初めから単線で進むのではなく、自分が得意ではないことや知らないことにも開かれていくものだと思います。世界を狭くもつのではなく、むしろ逆の方向のことにも開かれて、そのためにしていた勉強が収斂していくことが、質の高い思考が展開するためには必要ではないかと思います。新保先生はまさしくそういう例の典型的な方だと思いました。今日はどうぞ遠慮なさらないで、本当は強調して話されたかったところが、もっとおありなのではありませんか？

新保　もったいないお言葉で恐縮でございます。私個人としましては、考え抜いて戦略的に面接構造を組み立てながら、そして着実にクライエントのために何ができるかを計画して進めておられる村瀬先生の思考に、すごく魅力を感じます。また、それってどうして可能なんだろうかということに関心がいってしまうのですが、一度そういうことについて先生からお教えいただけるとありがたいと思います。

村瀬　ありがとうございます。私は密かに戦略と戦術とは違うと思っております。一般によく戦術のレベルでいろいろなことをしがちですけれど、本当は戦略をしっかり考えることが必要だと思ってきました。そもそも現実のものごとに対処するときは、限られた時間と限られた素材、それから自分の限られた技術、そういう限定のなかで、それでもそこから引き下がらないで、求められた以上、基本的にはいつづけなければならないというのが臨床の必須要素だと思います。そう考えると、初めから方法論をもっていて、自分の方法論に合わせようとしたり、それを活かそうという基本姿勢をもっていると、それは当然その方法論がカバーできないものの前にいくと、この人が重すぎるとか態度が悪いとか社会経済的な条件が厳しいとか、そういうエクスキューズを付けて放棄してしまうわけです。

これまで臨床のなかで、ある種の高踏的な理論が生まれてくる背景となるような、社会文化的、経済的、知的素質に恵まれた方とは違う方とも多く出会ってきました。そのときに「こういう人は枠外です」とこちらが考えることによって、たとえ一瞬であっても人として生きていてよかったという感覚を味わうこと薄く、一生を送る人があっていいのだろうかと思うことが基本にございます。たとえば先ほど挙げてくださった、見えなくて聞こえない方とか、聞こえないうえに知的障害が非常に重く、普通のコミュニケーション手段がなくて、本当に軽んじられて生活も貧しいというような方の場合、生きていれば人間は一人でなく、自分の限定された感覚のなかでも生を享受できるということを、短時間でも味わえるようにと思ってまいりました。そういう方との間に共感や受容が生ずるといわれても、私はそれは理念であって事実では難しいと思います。大切なことは、この人が現在の状態にある必然性、そしてこの人は今周りの刺激をどう味わっておられるかを、感じるというより考えることです。また限られたリソースでも、人と相対して今の時間を共有することに意味があるときには、投げ出さないで状況を観察し、共有できる体験の基礎がないかと考えることになります。それは感じることですが、根本的には観察して考えることだと思います。それは戦略というような高級なものではございませんけれど、現実をしっかりとらえていくと得られるものがゼロということは、限りなく少ないのではないかと思います。

相対化の視点——他者を抱えること

新保　今のお話をうかがっていまして、先生の人間観や世界観のようなものが先生の臨床に非常に大きな影響を与えているのだと思いました。また将棋の話に戻りますが、将棋を指す人はつねに大局観を大事にされますね。それが棋風にもつながっていくのですが、これは将棋そのものをどう考えるかということでもあります。臨床に置きかえれば、人間という存在、治療場面や治療構造をどう考えるかという、治療の場面における大局観のようなもの、それが先生の臨床実践を支える非常に大きな見えない柱として存在しているのだと思います。さきほど統合的心理療法を考える際の六軸を取り上げましたが、あの軸の背後にはそういうものが隠れて下支えしているのではないかと、今お話をうかがっていて思ったのですが。

村瀬　恐縮です。さて、今のお尋ねに関連して思いますのは、私は物心ついてから、苦しいときや悲しいとき、もう崖際に追いつめられたときでも、考えていれば自分を救う理屈は自分のなかから出てくることに気が付きました。一例を挙げましょう。私は第二次大戦後に家族と再会できて孤児にはなりませんでしたけれども、一人で疎開しているときに、今のように電話も手紙も届かないときでして、ひょっとして自分は一人この田舎にいる間に両親や姉たちが死に絶えるかもしれないと思うわけですね。そうするともう限りなくこの疎開の状況が辛いわけです。けれど、それを預かってくれている親戚や学校の先生にそんな話をしたら心配させるだろうと考えるわけです。ふと青空を仰いで、日本の戦況がどのようなものであろうと戦争している相手の国にもきっと自分みたいな子どもがいるだろうと思うと、自分一人が不幸の主人公みたいに思うのは思い上がりかなって思いますよね。それから遅かれ早かれいつか人は皆死ぬんだとか、もし孤児になったら東京で家族と一緒に暮らしていた頃の楽しいことを何度も思い返そうと思いました。それは悲しいですけれど、絶え間なくそのことに駆り立てられて何も手に付かなくなるよりは、みずから自分を少しでもなだめて、気持ちを立て直し、何かできるようになろうと思いました。

臨床に置きかえてみますと、症状も重いし、お人柄もとびきり極上に歪んでいらっしゃるような人で（笑）、ちょっと暴力も振るいかねない感じの人に会っていて、嫌だという気持ちは正直なところ起きかけてきます。けれど、そういうときに一瞬考えるんですね。

ご自身でもこの状態をもてあましているこの人も、生まれ落ちた赤ちゃんのときはきっとナイーブで可愛かったのだろう、この人はどんな赤ちゃんだったのだろう、と思うと、ぎらぎら、べとべとした感じの人も赤ちゃんに見えてきたりして。私は素直に考えてみて、上にはもっと上がありますけど、いろいろな意味で自分を恵まれた人間だといつも感謝してきました。これは私の努力で恵まれているのではなく、偶然によるものです。本当に人生って不条理ですよね。世の中の幸福の量の全体は変わらないのかもしれません。ただ、それが生まれてくる人間に均等に分けられなくて、なぜか多めにもらう人と少ない人がいるのかもしれません。とすれば私は、私よりたくさんもらっている人もいらっしゃいますが（笑）、この目の前の人、ひょっとしてこの人の分を、私が意識的な営みで奪ったわけではありませんが、大いなる意思の配分で私がもらっているとしたら、この人を嫌うとか責めるのはまちがいかもしれないと思います。そう考えると、嫌だと思う気持ちがニュートラルになる、つまり考えることによって自分自身のバランスを取り戻すということに、子どものときに気が付いておりました。

新保　今のお話をうかがって、先生が追いこまれたときや困難な状況にあったとき、ふっとこう視点の移動をされるといいますか、先ほどメタ認知やセルフモニタリングという言葉を使いましたけれど、今いる状況ではなく、それを俯瞰するところに思考のレベルを上げておられるのだと思いました。

村瀬　そうですね。おっしゃる通りで、私は臨床の仕事で大事なのは物事を相対化する能力だと思うのですね。共感や受容、接近や共有に重点が置かれますが、同時に視点を変えて、今自分が捕らわれていることの意味を考え、どのような時間的空間的な軸に今あるかと考える、悲劇のなかにもふっと微笑む瞬間があったり、次にまた重い事実が押し寄せるかもしれないから、今の喜びをちょっと貯金したくなったりしませんか？　つまり相対化ということは、全体状況が見えるということだけではなくて、本当にあらゆることに意味をもつのではないでしょうか。臨床のなかで一番大切なことは、難しい臨床場面という矛盾状況のなかで、相対化によって、違った要素を自分のなかで抱えることだと思います。

新保　少し詳しく教えていただけますか？

村瀬　これは新保先生に質問させていただきたいこととも重なるのですが、今日、熟達した人は非常に思考が深く緻密になっていくというお話をしてくださいました。たとえば将棋や競馬の場合では、それはたしかにそうだと思います。ですが臨床は、一方で非常に熟達しながら、しかし「良い素人」であることが大事だと思います。頭から爪先まで勉強したことが身に付いた完成度の高い玄人であるだけではなく、素直な素人が生きているという側面がある――そんなことございませんかしら？

新保　それを伺ってまず自分の頭に浮かんだのは、熟達化といわれる研究領域が技術的な熟達にフォーカスを当てて、知識や技術がいつか向上するという前提のもとに研究が進んできたのだということでした。しかしたとえば心理臨床家のように、対人関係を仕事のメインに据えて、自分のパーソナリティや存在のあり方を抜きに人との関わりが考えられないような職業人の熟達化は、やはり基本的に違うところに結びつくのだと思います。

村瀬　今おっしゃった「基本的に違う」というところが、良い意味での素人とかナイーブさではないかと思います。一方で最新の理論や方法を勉強して知っていながら、ナイーブな素の自分が一方でちゃんと存在することが望ましいと思います。非常に困ったときというのは、習得した理論や言説が自分のなかで起きあがってきて、それぞれのマッチングを一方で考えながら、でも他方で素直な自分が、この人はこのような状況を生きていて、一体どのように感じたり考えたりできるのか考えはじめているのではないでしょうか。それはまるで子どもが初めてトンボを捕まえた感動のようなものです。

新保　クライエントへの理解が飛躍的に高まる瞬間……

村瀬　理解、そうですね、理解というより、この人はこんなふうに世界を体験されているのかと、ほとんど身体感覚のように思うのです。

新保　身体感覚……

村瀬　はい。言葉に十分慣れていない子どもが喜んでいるときって、うれしいとか面白いというよりも、もうそれは生の原初的な感動でしょう。幼児が何かに接して喜びであれ悲しみであれ新鮮に感動しているような、そういう感覚です。ですからたとえ悲しいことであっても、初めてそれを感じるような悲しさというものがあるのです。

新保 それが伝わってくるということですね。

村瀬 はい。でもどこかでちょっとクールに、ご本人は説明ができないような生い立ちや家族構成を、一方で考えているのです。つまり、知識と経験を駆使して理解しようとしている自分と、自分のなかにまだ息づいている幼いときのままの原初的な自分とが、両方現われてくるような感じです。

新保 先生がおっしゃった原初的な経験というところなのですが、ご著書のなかでも先生が子ども時代を生ききった経験について書いておられたと思うんです（村瀬、二〇〇〇）。そのときの経験が、先ほど先生がおっしゃったようなクライエントの方との関係での身体感覚や感情的経験につながっているのでしょうか。

村瀬 そうだと思います。大人になってからの捨て身というのは、なかなか純粋にはできませんよね。大人の営みというのは「為にする」こと抜きには難しいものです。私は子どもの頃に放課後、友達と密かにトロッコに乗っていたのですが、あれは本当にトロッコに乗ることそのもののスリルを楽しんでいたわけで、トロッコに上手に乗れたから運動機能が向上するだろうとか、自分は機敏な人間になるだろうとか、まったくそういうことではなくて、こっそり禁断の遊びを命懸けでしているスリルを純粋に楽しんでいました（村瀬、二〇〇〇）。こうして時間を懸けて純粋に味わって楽しむことをたくさん経験してきたことが、今になって、目の前の人と分かちあう空間状況をつくるために、妙な理屈で汚れていない自分の純粋な感覚を呼び戻せることにつながっていると思います。

新保　このことは臨床家の訓練や教育という問題とリンクしてくると思います。人為的にトレーニングできる部分はある程度あると思いますが、今先生がおっしゃった部分は、まさにその人の生育歴のなかで保障されてきた人と、その経験から疎かった人とで、おそらく分かれてくると思います。そこはトレーニングできない部分ということなのでしょうか。

村瀬　今日のお話はなるべく希望をもつということが必要ですよね（笑）。トレーニングできないということではないと思います。もちろん人や物との関係が豊かなことは大事です。たとえば文豪ゲーテは、政治にも携わって本当にトータルな存在でしたけれど、四歳頃毎晩母親が枕元でお話を語り聞かせていました。ゲーテの表情を見ながら、もともとの物語はともかく、喜んでいる様子や理解している様子を確かめて、フィクションを混ぜながら母親の創作の入った、しかもその日のゲーテの気分にぴったりのお話を聞いたことが、実はゲーテの才能の基礎をつくっているという文章を読んだことがあります。

ですから私は教育には工夫が必要だと思います。こういう夜間の講義は、皆さんお食事する暇もなく駆けつけて、終わるとあたりのお店も閉まっているという状況ですね。本当の食事は家に帰ってから取るとして、私はちょっとしたおしのぎがあれば気分は良いのではないかと思って食事をつくってきて、一緒に少し食べてから勉強したことがございます。私がゼミ生の方の感想で感動したのは、色や味付けの変化、薬味やゆずの添え方について、何気なく私がしたことの意味を感じとられて、「臨床というものは、範囲の定まったものではなくて、生きていることすべての現われですね」と感慨深そうに語った人がいたことでした。その人の生き方が臨床の営みのあり方に関連するのですね。

新保　すごいことですね。

村瀬　そうでしょう。私がさりげなくしたことから、それ以上の意味を汲みとってくださったゼミ生の方は、おそらくそれを心に留めて、私よりゆとりをもって豊かに、できることをされることでしょう。感性が育つというのは、こういうことではないでしょうか。ちょっとした配慮が大切なのですね。すべての状況において矛盾をどう巧みにインテグレートするかが大事なことで、シラバスをつくって計画して勉強する一方で、今日のこの教室の状況次第では用意した教材を一切捨てて、皆さんの質問を汲んで、そこで徹底的に新たな課題について考える、それが本当の勉強ですよね。

新保　今先生がおっしゃられたことは、以前カウンセリング研究所の伊藤直文先生と村瀬先生の統合的アプローチについてディスカッションさせていただいたときに、それはまさに文化の問題じゃないかという話になったんですね。つまり今この状況で何に配慮すべきなのかというある種の「配慮の文化」みたいなものを先生はお持ちでいらっしゃるのではないでしょうか。しかし我々の世代くらいになってきますと、その配慮の文化が少しずつ衰退してきて、マニュアル的なものに移行し、依存して安心感を得るところに安住してしまっているのではないかと思います。文化というと話が広がってしまいますが、これは先生がおっしゃったことと関係しているでしょうか。

村瀬　はい。ただ、文化の伝承は生きている人間の大きな営みのひとつですね。ですからもちろん時代や社会の変化につれて文化も当然しかるべき形に変容していくべきものですから、自分の世代のものを絶対だとする、それで若い人を批判するというのは適切ではないと思います。一方で、一般に学力が低くなったといわれます。若い人のことをすぐ非難しがちですが、私は人間って決してそんなに捨てたものではないと思います。相手を対象化して不可能だとか、できない、と批判するより、ほんの少しでも出会った人から「何かを汲みとりたい、何かを盗みとりたい」と思われる存在でありたいと思っています。また私はベテランの方も若い人に対して教えなくてはいけないと思います。若い人はだめだというのではなく、もう一度あの人に会ってみたい、あの大人に会ったら楽しかった、大人でもあんな新鮮な良い人がいるということを、小さな子どもでも、思春期や青年期の人にも思ってもらえるように、我々の世代は媚びることなく自分にしっかり問うことが文化の伝承を可能にするのだと思いますね。

新保　ということは逆にいいますと、日々考えつづけて、ここで何をすべきなのかということを、ちゃんと大人の側が意識していないと伝わらないということでもありますね。

村瀬　基本的におっしゃる通りです。ただ、いかにも顔じゅうあの人考えている人だという顔にならなくて（笑）、さりげなく自然にやるということが大事ですね（笑）。

それでは時間がまいりました。シリーズのまとめにふさわしい対談になれたかと思います。新保先生、本日は本当にありがとうございました。

文　献

羽生善治、伊藤毅志、松原仁（二〇〇六）先を読む頭脳、新潮社
波多野誼余夫、大浦容子、大島純編（二〇〇四）学習科学、放送大学教育振興会
今出むつみ、野島久雄（二〇〇三）人が学ぶということ――認知学習論からの視点、北樹出版、一四四―一八九頁
村瀬嘉代子（一九九五）子どもと大人の心の架け橋、金剛出版、一一三頁
村瀬嘉代子（二〇〇〇）柔らかなこころ、静かな想い――心理臨床を支えるもの、創元社、一一一―二一一頁
村瀬嘉代子（二〇〇三）統合的心理療法の考え方、金剛出版

対談を終えて──あとがきに代えて

二〇〇八年の五月から翌二〇〇九年の一月にかけて、大正大学カウンセリング研究所において、田中康雄先生、村山正治先生、中井久夫先生、青木省三先生、新保幸洋先生を講師としてお招きして、『統合的心理援助』についてシリーズの公開講座が開かれた。講師にそれぞれのお立場から御講演いただき、その後引き続いてその内容をもとに、理解を深め、また、今後の実践や思索について示唆を戴きたいと願って、演者と私が対談を行った。その内容をこのような一書にしていただいた。こうした独創的で臨床的に意味があろうと期待される企画を立案実施された大正大学カウンセリング研究所の当時の滝川一廣所長他教職員の皆様、この一連の公開討論の内容の意義をご理解くださり、書籍として刊行された立石正信金剛出版社長、編集作業を緻密に進め、適切な小見出しを付して絵画に額装する趣で文章を整えて下さいました藤井裕二氏、池田直美氏、また、さらりと描かれながらも味わい深い草花の絵を装丁に描いてくださいました中井久夫先生、細かい心配りで装丁をしてくださった臼井新太郎氏にこころから感謝を捧げたい。

講師の方々は何れもご自身の実践に裏打ちされた、極めて刺激的かつ独創的な内容のお話しを活き活きと率直に語ってくださった。演者が話されたあとの対談では、私は聴き手として、フロアの皆様の関心や質問を代弁するような心持ちで臨んだ。演者から講演内容をさらに展開し、深化したお話しを伺いたいと考えた。今後の課題を見出したい、と願って質問させていただき、時にはご自身では謙譲のお気持ちも手伝っていらっしゃると思われるところを私の方からおそるおそる言語化して、お伺いさせていただいた。どの演者も私のこの秘かな願いに、見事にお応えくださったことは本文を読まれての通りである。厚くお礼を申し上げる。

講演を拝聴しているとき、その後に続く対談、それらは私にとってまさしく活き活きとし、濃密な生きられた時間であった。この間、私は対談という営みが実りある展開をするためには次のような幾つかの要因が求められることに気付いた。振り返って、これらの要因を十分自分は満たしていたであろうかといささか心許ないが、それらを列挙してみよう。

①相手が伝えようとすることを、伝えられたままに素直に受けとろうとする。
②伝えられた内容をただ対象化して情報として聞く、という次元に留まらず、関連する知見や経験を生き生きと想起し、聴き手は自分の内にある考えや感情にそれらを一度照合し、潜らせ、それから伝えられた内容を対象化する。これらは実際に瞬時に営まれる作業である。
③聴き手が①②にあるような姿勢を持っていると、話し手も、自分の中の疑問や曖昧な考えや感情を見つめて、何とかその実体を明らかに捉え、言語化してみよう、という動きが生じてくる。
④聴き手が①や②のような姿勢で聞いていると、語り手には、話しながら考えるという営みが

生まれて、話す過程で気づきが生まれてくる。

⑤上述したような一連の過程が生じると、語り手は自分の語ったことについて、自然に再吟味を行うようになる。つまり、自分はどのくらいまで確かに分かり、どこからを現在検討中なのか、何が課題なのかがほの見えてくる。

⑥対話を通して、呼吸が合い、ちいさなことでも発見があって、相互に世界が拡がったという体験をすると、内容の不足分についての気づきや悔いに似た気持ちが仮にあっても、一方で、励まされるような思いと展望が開け、爽やかな終了感を持つことができる。

本書の標題でもあり、私がそっと控えめに主張してきた統合的心理援助の特質については、第六章で、新保幸洋先生が他の統合的心理療法と称されるものと比較しつつ、明快に論じ描き出してくださっている。さらに村山正治先生も第三章で、クランエントセンタード学派の近年の発展過程と比較しながら私の目指してきた統合的心理援助の特質について語っていらっしゃるので、同じ内容について敢えてここで屋上屋を重ねるようなことは控えたい。

ただ、今から五十年あまり前、家庭裁判所調査官となって仕事に就いた当初から、現実と理論の関係について私はいつも模索し、問題意識を抱いてきた。理論は夜の海を航海する際の羅針盤や海図に例えられようか、それは絶対に必要だし、会得せねばならない。理論や技法を持たずに仕事をすることは無謀であり、無責任である。けれども、単一の理論に依拠することでは、不十分に思われた。いかに優れた理論をもってしても、現実は理論を超えていた。現実の問題は一見したところ心理的問題であっても、生物・心理・社会的な多次元の要因が輻輳して生じていることに気づいたからである。自分が目下、より所としている理論を準拠枠として、それに当てはまる事実を現実の中から拾って論理的整合性をつけて考えようとすることはできる。しかし、臨床は援助を必要としている個人を大切にすることであって、その個人の今の現実に適合する理論や技法を用いるべきなのだ。理論に現実を合わせることではない。

その後、家裁調査官から転じて、精神疾患を病む子ども達、発達障害児、育ち治りを必要としているいわゆるパーソナリティ障害と称される青年期の人々への心理的援助（これらの人々へのかかわりを通して、自ずと多軸で観察し考え、多面的にアプローチすることの大切さと有効性に気づかされた)、親の離婚に伴う子どもの親権・監護権を決定するための民事事件の鑑定や意見書作成、重複聴覚障害者の人々への心理的援助、高齢者や社会的養護児童への心理的支援などというさまざまな領域で、複雑な問題を抱える人々に出会う過程で、個別に即して、理論や技法をどう適用するか、さらに必要に応じて新たな技法を創造することの必要性を痛感してきた。そして、同じ理論や技法を用いても用いる「人」が持つ特質が援助効果に及ぼす意味の大きさについて痛切に考えさせられてきた。

この援助する「人」が持つ望ましい要因については、これまでも度々文字にして論じてきたし、本書の中でも語られている。この「人」の要因について、抽象的な自己反省とか、自己愛的表現ではなく、公共性ある現象記述的表現を試みたものを二〇〇九年秋に開催された第五十回児童青年精神医学会の教育講演において述べた。この内容は近く刊行される学会誌『児童青年精神医学とその近接領域』に掲載される予定である。理論の折衷や技法の折衷という次元に留まらず、本当にクライエントのために役立つ心理的援助の統合とは、容易な営みではない。ここでよい、という到達点があるわけではない。常により臨床的に意味のある、質の高い統合を目指して遅々としていても歩み続けていきたい、と思う。

読者の皆様のご高見を戴けたら有りがたく思う。

平成二十二年早春　桜の開花を待つ頃

村瀬嘉代子

本書は『臨床心理学』誌第八巻第五号〜第九巻第四号連載「統合的心理援助の話――ふつうのこと・ひろがること・つなげること」に加筆・修正・編集したものである。

〈対談者〉

田中　康雄（たなか・やすお）　［第1章，第2章］

獨協医科大学医学部卒業。北海道大学大学院教育学研究院附属子ども発達臨床研究センター教授。

著書：『軽度発達障害』（金剛出版），『支援から共生への道――発達障害の臨床から日常の連携へ』（慶應義塾大学出版会），『軽度発達障害のある子のライフサイクルに合わせた理解と対応――「仮に」理解して，「実際に」支援するために』（学研）他多数

村山　正治（むらやま・しょうじ）［第3章］

京都大学大学院教育学研究科博士課程修了。九州大学名誉教授。21世紀研究所。

著書：『ロジャースをめぐって――臨床を生きる発想と方法』（金剛出版），『学校臨床のヒント――SCのための73のキーワード』（編著，金剛出版），『ロジャース選集（上下）』（共訳，誠信書房）他多数

中井　久夫（なかい・ひさお）　［第4章］

京都大学医学部卒業。神戸大学名誉教授。

著訳書：『中井久夫著作集――精神医学の経験』全6巻別巻2（岩崎学術出版社），『西欧精神医学背景史』『徴候・記憶・外傷』（みすず書房），サリヴァン著『現代精神医学の概念』（共訳，みすず書房），ヤング『PTSDの医療人類学』（共訳，みすず書房），『精神科治療の覚書』（日本評論社）他多数

滝川　一廣（たきかわ・かずひろ）［第4章］

名古屋市立大学医学部卒業。学習院大学文学部心理学科教授。

著書：『家庭の中の子ども 学校の中の子ども』（岩波書店），『不登校を解く』（共著，ミネルヴァ書房），『「こころ」の本質とは何か』（筑摩書房），『新しい思春期像と精神療法』（金剛出版）他多数

青木　省三（あおき・しょうぞう）［第5章］

岡山大学医学部卒業。川崎医科大学精神科学教室教授。

著書：『思春期の心の臨床』（金剛出版），『精神科臨床ノート』（日本評論社），『心理療法とは何か』（共著，金剛出版），『青年期精神科の実際』（編著，新興医学出版社），『思春期 こころのいる場所』（岩波書店）他多数

新保　幸洋（しんぼ・ゆきひろ）　［第6章］

大正大学大学院文学研究科後期博士課程単位取得後，満期退学。東邦大学理学部教養科教育学教室・教員養成課程教授。

著書：『心理療法がうまくいくための工夫』（共著，金剛出版），『統合的心理療法を学ぶ――村瀬嘉代子主要著作解読』（共著，金剛出版，近刊）

編者略歴

村瀬嘉代子

（むらせ・かよこ）

1959年	奈良女子大学文学部心理学科卒業
1959-1965年	家庭裁判所調査官（補）
1962-1963年	カリフォルニア大学大学院バークレイ校留学
1965年	大正大学カウンセリング研究所講師，1984年より同助教授
1987-2008年	同教授
2008年 -	北翔大学大学院教授

著書

『子どものこころに出会うとき』『子どもと家族への援助』『心理療法のかんどころ』『子どもと家族への統合的心理療法』『統合的心理療法の考え方』『心理臨床という営み』『心理療法と生活事象』『心理療法の基本』（共著）『心理療法とは何か』（共著）『すべてをこころの糧に』（共著）『電話相談の考え方とその実践』（共著）『詳解子どもと思春期の精神医学』（共著）金剛出版，『聴覚障害者の心理臨床』『聴覚障害者への統合的アプローチ』日本評論社，『柔らかなこころ，静かな思い』『小さな贈り物』創元社，『子どものこころと福祉』（監修）新曜社，他多数

統合的心理援助《とうごうてきしんりえんじょ》への道《みち》――真《しん》の統合《とうごう》のための六《むっ》つの対話《たいわ》

2010年5月20日　印刷
2010年5月31日　発行

編著者　村瀬嘉代子
発行者　立石正信
発行所　株式会社 金剛出版
〒112-0005　東京都文京区水道1-5-16
電話　03-3815-6661　振替　00120-6-34848

印刷　平河工業社
製本　誠製本

ISBN 978-4-7724-1132-5　C3011